川上音二郎と貞奴

明治の演劇はじまる

Otojiro Kawakami and Sadayakko

井上理恵 著
INOUE Yoshie

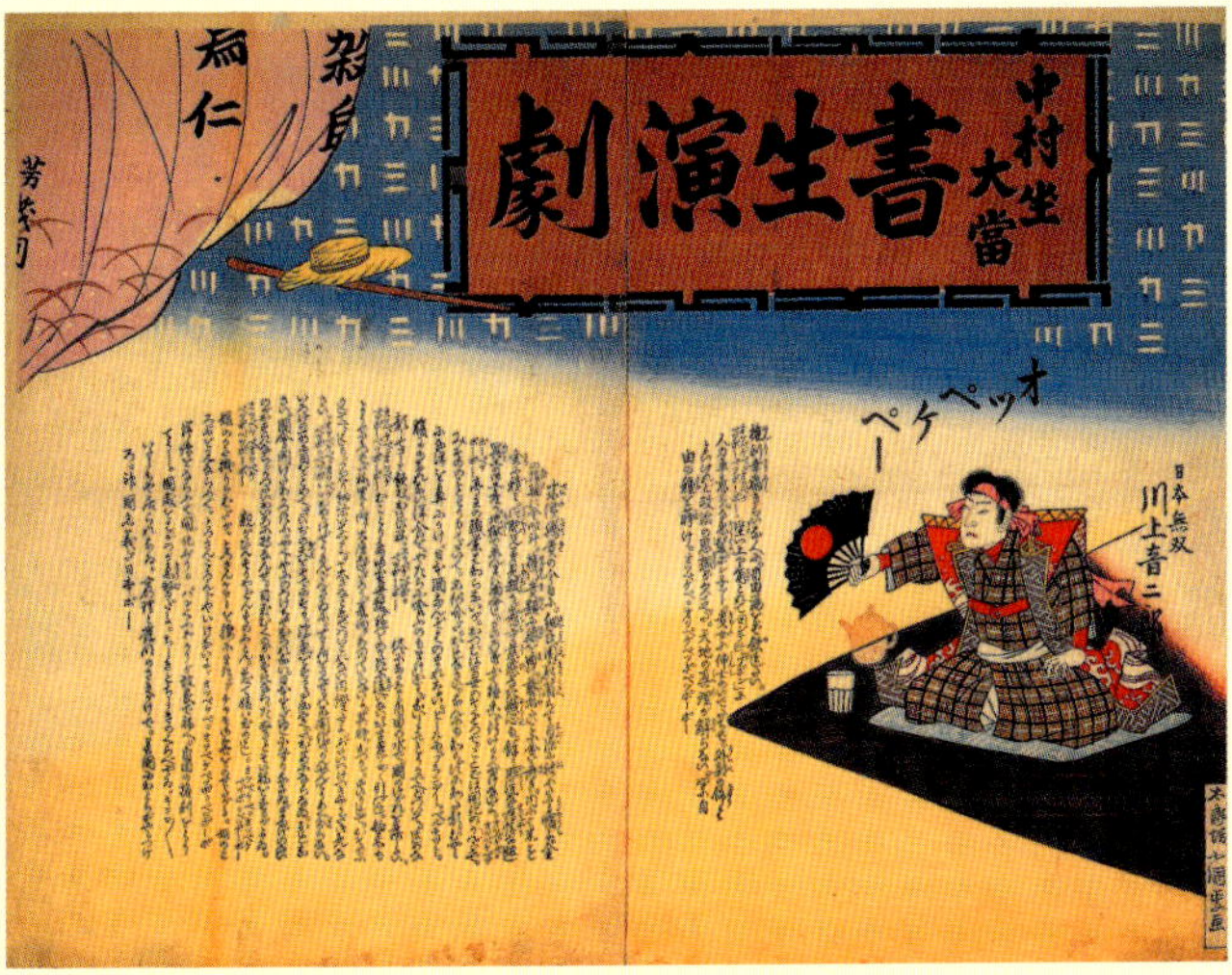

錦絵「中村座大当　書生演劇」明治 24（1891）年　福岡市博物館所蔵

社会評論社

錦絵「川上演劇　李将軍面前記者之痛論」明治 27（1894）年　福岡市博物館所蔵

歌舞伎座筋書「威海衛陥落」 明治 28（1895）年　福岡市博物館所蔵

諷俗写真　又々意外　明治 27（1894）年　川上浩氏所蔵

錦絵「諷俗写真　又々意外」明治 27（1894）年　川上浩氏所蔵

錦絵「川上演劇　誤判録」明治 28（1895）年　福岡市博物館所蔵

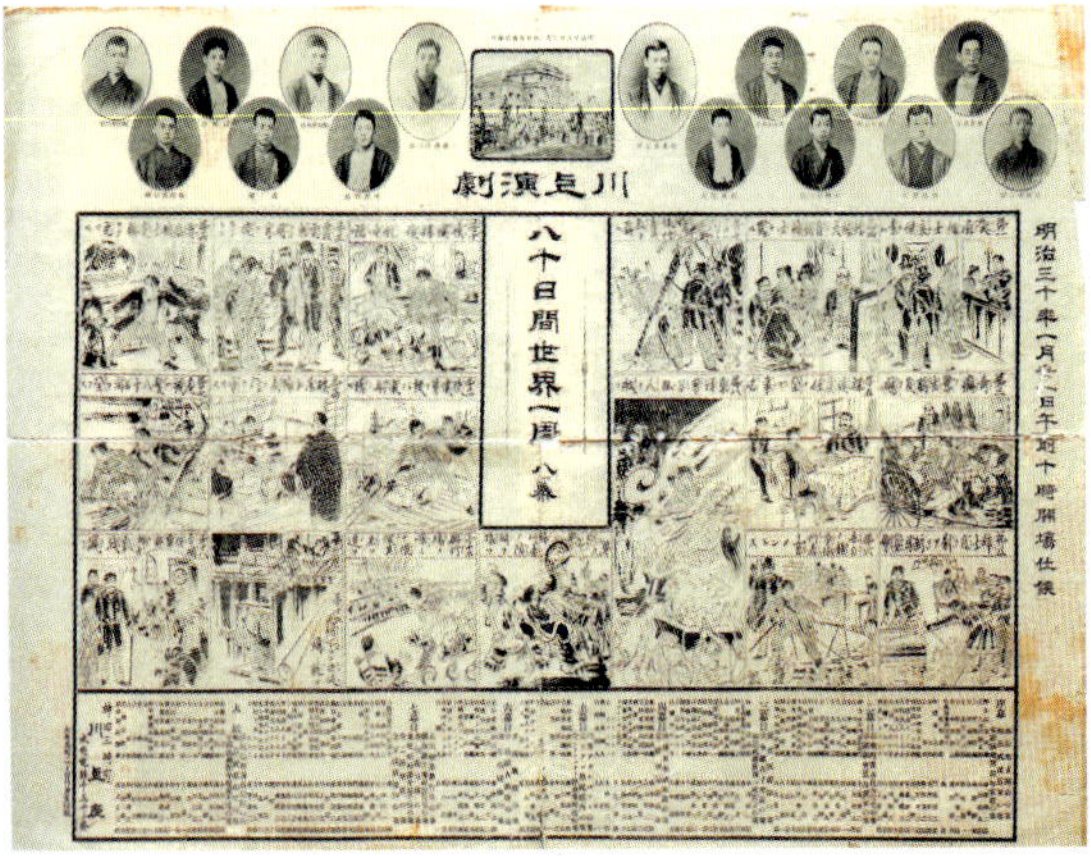

番付「八十日間世界一周」明治 30（1897）年　『川上音二郎・貞奴展』所収（茅ケ崎美術館図録）

川上音二郎と貞奴

明治の演劇はじまる

目次

第三章 文芸作品の上演と川上座 165

まえがき

川上音二郎は、これまで多くの人々によって記述され（その一部を後に引く）、さらには演劇・映画・テレビなどで貞奴と共に表象されてきた。しかしそれらの言説や像は、残念なことに〈真と偽〉につつまれている。わたくしの調査・研究は、そうした〈偽〉を可能な限り〈真〉に近づけ、二人の演劇的冒険の時間が、「明治」の人々にとって、さらには世界の人々にとって何であったのかを、明らかにしたいという思いから始まった。

が、資料を探索すればするほど、闇は広がり、疑問が深まる。先行文献を訂正しながら検討するのは煩雑な作業になり、繰り返しも多くなり、結果、本書が読み難い対象になるのは否めない。が、視点を変えてサスペンスドラマの解明とでも考えると、如何にも川上的であるような気がしてくる。

そのようなわけで、所々で誤りを訂正する作業が入ることをはじめに断りたい。

少しあげてみよう。例えば生誕だが、元治元年の正月元旦に博多中対馬小路に生まれた、といわれている。正確な日は曖昧である。それゆえ川上に関する基礎資料『川上音二郎・貞奴』（雄松堂出版）を編纂した白川宣力は「元治元年九州博多に生まれる」と記したのだろう。また、白川より少し前に『川上音二郎の生涯』（葦書房）を上梓した博多の井上精三は、「元治元年（一八六四年）元日に、筑前博多中対馬小路三六番地に生まれる」と書く。が、正確にいえば元治は、文久四年二月に〈元治*〉と改元されている。つまり改元は二月だから元日はまだ文久四年であったのだ。

そしてそのルーツも井上精三によれば、江戸末期の櫛田神社に残された「博多店運上帳」から祖父が紺屋弥作（あい染業）であること、そして父・紺屋専蔵は、「藍問屋」と川上の伝記に多くの人が書いているがこれは誤りで「父専蔵の職業は石炭卸販売を兼ねる船問屋」であったと訂正している。父専蔵は次男であったようだ。同様に生家の住所も後年の「売渡書」（一九一一〈M44〉年）から中対馬小路二七番地だったという説もあるが、これは地番変更ということも考えられる。福岡県八女出身の松永伍一は、著書『川上音二郎　近代劇・破天荒な夜明け』（朝日選書）で井上精三の説をとっている。

これらの書以前に発表され、最も多くの演劇研究書に引かれている倉田嘉弘の『近代劇のあけぼの～川上音二郎とその周辺～』（毎日選書）では、音二郎の生まれを、巻末の略年譜で「元治一年（一八六四）一月　博多に生まれる」と記す。川上音二郎は、その誕生も生家も斯様に記されているのである。

〈元日生〉というのは、誕生日が明らかではないときや暮れに生まれたときに用いられることが多いらしい。それは長い間わたくしたちの国では、〈お正月がくると歳を取る〉という風習があったからだ。生まれたときは〇歳で、翌年一歳、個々の誕生日を祝うという外国文化が大衆の間に定着するのは一九四五年の敗戦後二〇年経って、日本経済の高度成長下で豊かになり始めた人々の数の多さによってはじめて可能になったのだ。したがってここでは誕生日には固執せず、川上は、元日生まれなら文久四年、それ以前なら文久三年、改元後の二月以降の生まれなら元治元年、に生まれただろうと流動的に押さえることにしたい。なぜなら誕生の月はさして重要ではなく、明治維新の四、五年前（学齢に達する前）に生まれていたということが把捉できればいいからだ。問題は川上音二郎という演劇人が、明治近代社会と共に成長し〈明治〉の終焉間近に五〇にならずして亡くなったという事実である。〈欧化政策の明治という時代の風〉をその身体に十二分に取り込んで生き急いだ存在であったということが、わたくしたちには重要なのである。まさに川上音二郎は〈明治の男〉〈明治の演劇人〉であったのだ。

これと似たようなあるいはもっと重要な多くの〈真と偽〉が、川上と貞奴の歩みにはこの後にもついてまわる。本書ではそれら全てを個々に指摘することはしないが、可能な限りその〈真と偽〉を見分け、資料を探索して〈真〉に近づき、〈文明開化の明治〉という時代を疾風のごとく走り抜けた演劇人・川上音二郎の演劇的足跡を明らかにしていきたい。

「夜明けの序曲」（作詞　公文　健、作曲　寺田瀧雄）という歌がある。これは、宝塚歌劇団公演「夜明けの序曲」（植田紳爾作・演出…芝居担当、酒井澄夫作・演出…ショー担当、一九八二年初演）

の主題歌で、作詞の公文は元歌劇団理事長の小林公平である。以下、全文を引こう。

広い世界の　空の下で
ただ一度の　命を賭けて
熱い血汐を　たぎらせて
いざ行こう　この道を
ああ我が望み　はばたけど
夜明けの　夜明けの
思いのままに　生きてみたい
輝《ヒカル》る明日の　夢を見たい
燃ゆる心を　はずませて
目指す彼方は　雲の涯
空高く　いざ歌おう
夜明けの序曲

広い世界の　空の下で
ただ一度の　命を賭けて
熱い嵐が　吹きすさび
いざ行こう　この道を
ああ我が望み　はばたけと
夜明けの　夜明けの
思いのままに　生きてみたい
輝《ヒカル》る明日の　夢を見たい
さかまく怒涛　襲うとも
いつか悲願の　花よ咲け
空高く　いざ歌おう
夜明けの序曲

この歌は川上が一座の人々と一緒に初めてアメリカへ海外巡演した時の話をミュージカルに

した宝塚歌劇の舞台で歌われた。もちろん芝居**の内容は虚構―フィクションであるから事実とは異なるが、歌詞は、まさに川上音二郎という演劇人の野心と希望を表現している。川上は〈明治〉という「夜明け」の時に「広い世界の　空の下で」「思いのままに生き」「輝る明日の夢」を見ようとしたのである。

その〈夢と現実〉をみていこう。

（＊）本書では年号は、和暦ではなく西暦を使用するが、太陽暦導入前や引用文はその限りではない。（　）内のMは明治、Tは大正、Sは昭和を示す（M５は明治五年の意）。また、「はじめに」以降に付した〈注記〉は、読み易いように節毎にいれるが、混乱を避けるため通し番号にしている。

（＊＊）「芝居」という名詞は、長い間この国で日常的に使用されていた。「芝居に行く。芝居を観る。この芝居は面白い。」等々。演劇が芝居に取って代わって市民権を得たのは、人により異なるだろうが、筆者の感覚では一九八〇年代位ではないかと思う。つまり〈明治生まれ〉が姿を消し、〈大正生まれ〉も老境に入って〈昭和生まれ〉が大多数を占めたことを意味する。川上は日常感覚では、「芝居」という時代にいきていたが、本稿では特別な意味づけもなく芝居と演劇を区別せずに使用する。

川上音二郎・貞奴に関する主な先行書籍

（以下、これら書籍は引用時「白川本」「倉田本」と表記）

①白川宣力編著『川上音二郎・貞奴 ―新聞にみる人物像―』雄松堂出版一九八五年一一月
②井上精三『川上音二郎の生涯』葦書房一九八五年八月
③松永伍一『川上音二郎　近代劇・破天荒な夜明け』朝日選書一九八八年二月
④倉田嘉弘『近代劇のあけぼの〜川上音二郎とその周辺〜』毎日選書一九八一年五月
⑤山口玲子『女優貞奴』新潮社一九八二年八月、朝日文庫一九九三年六月
⑥江頭　光『博多　川上音二郎』西日本新聞社一九九七年七月
⑦ Lesly DOWNER "MADAME SADAYAKKO, THE GEISHA WHO SEDUCED THE WEST" 2003, *R* review.
⑧翻訳書　木村英明訳、レズリー・ダナウー著『マダム貞奴』集英社二〇〇七年一〇月
⑨池内靖子『女優の誕生と終焉』平凡社二〇〇八年三月
⑩森田雅子『貞奴物語』ナカニシヤ出版二〇〇九年七月
⑪小説　明石鉄也『川上音二郎』三杏書房一九四三年八月
⑫小説　村松梢風『川上音二郎』太平洋出版一九五二年二月、潮文庫一九八五年一月
⑬小説　杉本苑子『マダム貞奴』読売新聞社一九七五年一月、集英社文庫一九八〇年一〇月
⑭童門冬二『川上貞奴　物語と史蹟をたずねて』成美堂出版一九八四年九月
⑮藤井宗哲編『自伝　音二郎・貞奴』三一書房一九八四年一一月

川上音二郎と貞奴

明治の演劇はじまる

はじめに

川上音二郎は一九一一（M44）年一一月一一日朝、自分で建てた劇場・大阪帝国座（堂島［注1］）で華々しくも短い生涯を閉じた。旧暦文久四年（または元治元年）の生れであるというから、四七、八歳ということになる。近代社会の新演劇の開祖、新聞小説の初の舞台化、日本の演劇人として初の世界巡業、西洋風劇場を東西に建設、近代的な児童劇の初上演、歌舞音曲抜きのストレートプレイ〈正劇〉の初上演……等など、全てが〈初めて〉ずくしの人生を歩んだ演劇人である。

妻であった川上貞（舞台では貞奴）が一九三三年に岐阜鵜沼に建てた貞照寺［注2］に保存されている葬儀時の資料をみると川上の生前の華麗さが伺える。二〇歳前後で登場し、怒涛のような人生を紡いだ演劇人川上音二郎の四半世紀が終ったのだ。

かぶきの始まりを出雲の阿国に求めると同じように、川上音二郎は、〈新派の祖〉といわれてきた。当初〈新派〉というのは、江戸期以来からあったかぶきが〈旧派〉なら、新しい時代に生まれた新演劇は〈新派〉であるという意味で用いられたにすぎないのだが、〈新派の祖〉という時の《新派》は現在人々に記憶されている古めかしい芝居――明治期の家庭小説「不如帰」や「婦系図」を上演する演劇集団をさす。川上はたしかにのちに家庭小説といわれた新聞小説を舞台に上げたが、しかし川上が目指した演劇はこの種の演劇だけではなかった。わたくしは、川上が目指したものは何だったのか、川上音二郎という演劇人が近代社会に初めて生み出した新演劇はどのようなものだったのか、それをあきらかにしたいと考えている。川上音二郎は近代社会の同時代演劇を民衆に提供した存在であり、もし〈祖〉と呼ばなければならないならかぶきの阿国の如く〈日本近代演劇の祖〉と呼ぶことこそふさわしいと考える。

にもかかわらず川上はその活躍ぶりに反して不当に扱われてきた感がある。亡くなる前の「大日本俳優見立」（M41年、45年。池田文庫所蔵）では、川上は新俳優の「総大将」に位置していた。川上の当時の大きさが伺われる資料である。

本書では川上音二郎の新演劇人としての演劇的冒険を追いながら、共に歩んだ貞奴や川上音二郎一座の舞台を可能なかぎり明らかにしていく。わたくしの試みは、川上音二郎と貞奴、そして川上音二郎一座の仕事を正当に評価し、〈偽〉を可能な限り〈真〉に近づけ、その復権を目指すものである[注3]。

注記

1）明治四四年の『大阪地籍地図』（中之島図書館所蔵）によると、淀屋橋と肥後橋の間、土佐堀川の南、東区北浜五丁目三一ノ一、住友銀行の一ブロック東の裏手にあたる。かつてのビルの壁面には帝國座のプレートがあった。現在は再開発のビルになっている。帝國座と同じブロックの東の角に日本ホテル、更に東隣のブロックには愛日尋常小学校。碁盤の目の道路はほぼ現在も同じ状態である。立て替えられたビルの壁には帝國座のプレートはない。小学校の跡地であったことは大きな碑が建てられているから分るが、川上の劇場については記されていない。かつてのビルにあったプレートを、大阪市の力で再度壁面に貼って欲しいと願わずにはいられない。

2）貞照寺は、貞奴の菩提寺で鵜沼町宝積寺、現各務原市宝積寺町にある。六千坪の境内に本堂・鐘楼堂・仁王門・御手水舎・庫裡などを建てた。成田山新勝寺に模している。

3）本研究は、科学研究費の支援を受けて調査することができた。
科学研究費、基盤研究C、課題番号（20520195）「新演劇における上演脚本・資料に関する総合的研究」平成二〇～二一年度。この他にも平成一三～一六年度（基盤研究C）、平成一七～一九年度（基盤研究B）、平成二〇～二二年度（基盤研究B）などの共同研究を受け、調査研究を続け、その都度成果を大学紀要、学会紀要、その他に発表してきた。本書はそれらの論文を加筆訂正した結果、第一章～三章はほぼ書下ろしになり、終章は発表原稿に加筆した。

第一章

川上音二郎の登場

早稲田大学坪内博士記念演劇博物館所蔵

1 〈東の京〉の出現――徳川さんから天皇さんへ

徳川幕府が倒れ、西から押し寄せて江戸に入った新政府が王政復古を各国公使に通告して天皇が元服したのは慶應四年一月一五日だった。かつて成人式をこの日に制定したのはこれ故なのだと推測される。以後、近代国家の祝祭日は、〈近代〉と言う名とは裏腹に何かと天皇に係わりのある日に決められて行き、天皇を頂点に置いた〈国家〉を創り上げるのが目的の一つであったと今更ながら理解される。

同じ慶応四年の九月八日（この日は重陽の節句・菊の節句の前日）に明治と改元し、一世一元の制を定め、天皇は京都を出発して江戸城に入る（一八六八年）。それが一〇月一三日。この日から江戸城は宮城となる。博多にいる音二郎が五歳の時であった［注4］。貞奴は四年後、明治四年七月一八日に日本橋両替町に生まれる。

新政府がすぐに着手したのが海軍と陸軍の整備で、前者は東京に、後者は大阪に拠点を置く。富国強兵は最も早く目標とされたのだ。けれども民衆の生活は江戸の続き、旧暦の慣習のまま営まれていた。江戸では病で片足を失った美形の女形澤村田之助（三世）が、最後の華を咲かせ三座をかけ持ち出演して芝居は大いに沸いていた。侍たちの争いは民衆には関係がなかったのである。けれども彼らの知らぬところで日常に徐々に近代が押し寄せていた。

一八七二〈明治五〉年は、国民にとって重大な転換の年なった。「田畑永代売買の禁」が解かれ、地券が交付され（壬申地券）、田畑貢租（米）の金納がゆるされ、芝居小屋や興行場にも課税されるようになる。芝居茶屋・自宅で音曲諸芸を教えている師匠たち・俳優たち遊芸人が課税対象になるのは、三年後の〈明治八〉年で、興行収入に応じて徴収された。戸籍法（壬申戸籍）が定められ、父権制社会の基礎となる国民掌握の法律が整備される。同時に華族平民間の結婚が許され、〈エタ・非人〉の名称が廃止され、芸能者たちは〈制度外〉ではなくなり、その身分も変わる。

そして芸能者たちの演じる内容にも「風俗ヲ敗リ倫理ヲ乱ス」を改め、「勧善懲悪ヲ主トスベシ」と定め、芸能者たちの日常にも言及し、「制度外」と唱えるのはよくなく、奢侈を改め身分相応行儀よく生きることを布達した。長い間、差別されていた芸能者の存在にまで言及したのは、四民平等の建前ゆえであろう。が、それが浸透したとはいいがたく、新政府は、〈明治八年〉には平等とは名のみの芸能者の鑑札と検閲という制度も導入していく（松本伸子『明治演劇史論』に詳しい）。これは実に一九四五年まで続くのである。川上音二郎は、さまざまな舞台に立っているがそれは関係する遊芸人鑑札を舞台に立つ前に所持していたことを意味する。

倉田嘉弘によれば、国家が「遊芸をなりわいとする者に鑑札を下付すると通達」したとき、希望者が続出したそうだ（『芝居小屋と寄席の近代』岩波書店二〇〇六年九月）。検閲同様に鑑札も地域毎に出されたから、初めのうちの川上の行動範囲が京阪中心に限定されているのもそれ故なのだ。税金を納めて平民となりながら、鑑札を貰い、内容を検閲されながら、わたくしたちの国の近代の芸能・近代の芝居・近代の演劇は、はじまるのである。

神社仏閣の女人禁制を廃止し、僧侶の肉食・妻帯・蓄髪・平服着用などを可とする。人身売買、娼妓の年季奉公が禁止され、国民教育のための教師養成の師範学校が作られる。学制が公布され、小学校は義務教育になり、誰もが教育を受けることが可能になる。が、これが建前であって現実は不条理な日常であったことは、この年誕生した樋口夏（一葉）が後に描きだす小説でわたくしたちは知ることができる。

津田梅子ら初の女子留学生がアメリカへ送られたのもこの年だった。如何なる理由で彼女達がこのように早くアメリカへ行くことになったのか、未だに理解に苦しむ。なぜなら、帰国した彼女達は、男子留学生の優遇に比して、決して優遇されなかったからだ。

〈田畑永代売買の禁〉を解いたから私有財産の売買の自由が保証され、銀行が誕生し鉄道が建設される。土地の価値が重視され、貨幣と物の流通が拡大される資本主義社会に突入したのである。

新聞が発刊されて、官も民も情報を得ることができるようになったとき、新政府は旧暦から新暦、つまり西暦を導入し、時は二四時間制になる。子の刻は夜中の一二時から午前二時の間を表し、お化けが出るというおなじみの丑三つ時は夜中の二時半頃を指すことになった。これまで大雑把な二時間刻みだった時刻は、分刻みになって民衆は最も身近な〈時〉を知らせる日常的な文言から〈徳川さん〉とは違う〈お上――神〉の存在を認識せざるを得なくなるのである。秒刻み、分刻みの時間の登場がまさに民衆の近代社会を認識する最初のものであったのだ。いかにも科学的合理的な近代社会の到来を象徴している。

西暦の導入は、明治五年一二月三日のことであった。お正月にはまだひと月あったのだが、この日が明治六年一月一日、元旦になってしまった。正月が来ると一つ歳を取る習慣が、およそ一ヶ月も早く訪れたのだ。ひと月早い大晦日に掛取りや支払いに慌てた人もいただろう。音二郎はこの年、九歳、貞奴は二歳になる（一八七三年――明治六年）。

世の動きに敏感なかぶきは題材にもセリフにも新しい時間の呼称を取り入れていた。既に『20世紀の戯曲』（1巻［注5］）で指摘したことがあるが、河竹黙阿弥作「霜夜鐘十字辻筮《しもよのかねじゅうじのつじうら》」には新しい世の動き（時間・受胎と出産・近代合理主義的論理・巡査の登場・法律――民法・刑法の応用など）が書き込まれているし、新たに登場した女学生や書生、新聞などを題材にした作品も上演された。これを手始めに民衆は新しい時代の改革に否応無しに巻き込まれ、近代的な社会で生活せざるを得なくなる。新しい社会の登場を待ち望んでいたわけではないから、彼らの動揺は大きかったと推測される。彼らの意識はいつまでたっても江戸――前近代であったのだから……。

倉田嘉弘が当時の人々の江戸期以来の〈はだか〉の暮らしを告げている。土夫・船子・工匠ら〈はだか〉同然の人々が巷に大勢いた。それを見て驚いたイギリス人の挿話を引く。政府は明治四年一一月九日の東京府の布達でそれを禁じた。〈はだか〉は日本では「一般ノ風習」だが、外国では〈はだか〉は「大ナル恥辱」であるからいつまでも許していては「国体」にかかわる。「はだかは禁止する」というものだ（前掲書）。それでも暑い夏には芝居小屋の観客は、〈はだか〉同然の格好をしていたのである。

大衆の意識に変化はなかったのだろうか……。

渡辺保が、河竹黙阿弥の「増補桃山譚（地震加藤）」（七代目河原崎権之助、明治二年初演）について興味深い指摘――〈写実への傾向〉をしている（『明治演劇史』講談社二〇一二年一一月）。この作は度々再演され、観客に喜ばれ、感動された。「ドラマらしいものはなにもおこらない」のに、なぜか。問題はドラマにあるのではなく、権之助演ずる佐藤正清という「英雄の日常人となりであり、地震という偶発事によってはじめて表面化する『精神』であり、『内面』」の描出があったからだという。そこには過去に描かれたような「虚構に彩られ、様式的な大時代」の佐藤正清とは異なる存在がいたのだ。坪内逍遥の感激した様子などをあげながら、権之助の演技は、「歌舞伎の伝統が入っているのは否定できない」が、そのなかで「虚構を排して、出来るだけ写実に人間そのものを描こうとした。描こうとしたばかりでなく、それが生来うまかった。だから権之助以後だれがやっても面白くないのは、この権之助の方法論が意識されなかったし、その天与のうまさが他の人にはなかったから」だと書く。権之助の表現は、当時の社会に生きる人々が求めているものと一致したのだ。

今からみれば明治維新と呼ばれるこの変革を、人々は他人事として受け止めても、いずれは自分の問題になって降りかかる。そうした漠とした不安が人々の間には存在していたのである。こういう歴史の転換期に、川上音二郎は生きたのだ。未曾有の時代の開幕前に生を受け、近代社会の構築・発展と歩みをともにして生き抜いたはじめての演劇人であったことをわたくしたちは理解しなければならない。川上の演劇人としての行動が破天荒で、目的が定まらないのもゆえないことではなく、まさに未来は自分たちで作っていくより他なく、先が見えなかったからだ。政府の要人と同様に、外国に興味をもってもおかしくはない。彼の興味が果てしなく広がり、続き、終りがないのもわかる。


川上は新時代の政談を演説し、事件を舞台に上げて民衆の絶大な人気を獲得し、海外巡業に行き、その身体で西欧を感じ取った最初の演劇人であった。同時に今を描こうとして敗れた演劇人の最初の一人でもあった。これからみるように上演台本と演目、俳優、衣装、装置、効果、照明、劇場、製作条件等々、全てが川上と共に変化していく。

はじめにその出発の時期を可能な限り明らかにしていこう。

注記

4）父は専蔵、母はヒサ。商人であった両親は明治になってから川上姓を名乗る。川上は、音吉、のち音次郎、そして音二郎に。川上が自身を語ったものに「名家眞相録」（『演藝画報』一九〇八年一〇月一日第二年大一〇号）があり、本文で度々引くことになる。新暦の導入で明治五年一二月三日を明治六年一月一日と決めたから、約ひと月早く新しい年になった。それゆえ音二郎の誕生日は、文久四年一月生まれなら、西暦だと一八六四年二月ということになるだろう。ちなみに明治天皇は旧暦九月二二日生まれだが、新暦では一一月三日になる。現在この日は国民の祝日になっている。

5）『20世紀の戯曲　日本近代戯曲の世界』（社会評論社一九九八年二月二八日）所収の拙論「霜夜鐘十字辻筮」を参照されたい。尚、演劇の歴史に関しては『20世紀の戯曲』第三巻（二〇〇五年）の序に「演劇の１００年」を入れた。これも参照されたい。「霜夜鐘十字辻筮」は『近代歌舞伎年表』をみると分るが、明治期に各地でかなり上演されている。

2　音二郎、登場する（明治一六年）

音二郎は「名家眞相録」（『演藝画報』一九〇八〈M41〉年一〇月、以後本書の川上の発言はここから引く）で自身の歩いた道を語っている。この自己語りには記憶違いや誤りも多いのだが、初めの部分を少し引いてみたい。

「私は九州の出身ですが、少年時代には格別取立て丶云ふ程の事も無い」「小學校を終つて福岡中學へ」（井上――福岡中学は福岡修猷館中学の前身と思えるが、川上の学齢当時にはまだなく、玄洋社の前身向陽社が作った向陽義塾があった）、「中學を卒業して、玄洋社と云ふ政治學校へ入つて、其頃一種の流行になつて居た、演説をする事を覚えた」（玄洋社は一八八一〈M14〉年に黒田藩士が中心となってできたアジア主義―アジア各国の独立を支援した政治団体）、「夫から自由黨へ入り込んで、政治運動の壮士をやつて居ました」が、「四方八方至る所で過激な政談演説をやつたものだから、始めから終りまでに二十四回の處刑を受けた」と記す。

演劇人として登場する前の自身を語った川上の言葉である。この記述が真実かどうかは不明だが、多くの伝記執筆者は、中学から玄洋社に入ったというこの時期を、〈東京へ行き、芝増上寺の小僧・慶應義塾の塾僕・裁判所給仕・巡査〉などをしていたと記す。根拠となる資料は今のところ不明である。この辺りの話は、〈まえがき〉で上げた村松梢風本の小説に面白おかしく記述されている。同様の記述は他の伝記・研究者などにも多い、上梓年の早い村松本が全ての伝記の種本とみることもできるが、小説家が勝手に創り出すはずもないように思われるからその記述の根拠となる資料があるに違いなく、以後探索する中で明らかになればいいことにして、ここでは〈真偽〉は不明、限りなく灰色に近いと押さえておく。

さて、川上の登場、政談演説で記録に残っているのは、次の新聞記事だ。演者川上音二郎の名が出たのは、この記事が最初と言われている[注6]。音二郎の表記は、音治郎・音次郎・音二郎と三通りあるが、本論では音二郎に統一する（引用は原文通り）。政談演説で世間に登場した様子を活写しているから引いてみる。

〇政談演説の中止解散は珍しからねど去る一日の夜滋賀県大津四の宮の劇場に於て川上音次郎と云ふが会主となり政談演説会を催したるに聴衆は凡そ三百人余もありて頗る盛会なりしが（略）会主の川上は漸く演壇に上り今夜は十七名の同志者も出席する筈の処僕と外一名の外は京都に於て少し紛紜を生じ、由にて（略）吾輩の浅学不才なるを顧みず欠席の五名に代るの精神を以て音声の続くだけは拙弁を揮ふべしとて蝶々とおもしろをかしく鼠と猫とが官民の争ひの如く互に権利を拡張するの趣を説き且つ言ふ（以下略）

朝野新聞　明治一六年二月八日（一八八三年）

この二月一日、大津の「政談演説会」で川上は大津警察署に拘引された。初めての拘引か否かは不明である。この前の年（M15）、中島信行らが「大阪に立憲政党を結成」し、九州の自由党系の各社代表が「熊本で九州改進党を結成」する。伊藤博文は「憲法調査のため欧州へ出発」、大隈重信を総理にした立憲改進党が結党式、福地源一郎（桜痴）らが立憲帝政党結成、板垣退助が岐阜で襲われ、会津自由党員と農民たち数千人が警官と衝突する福島事件等など、憲法作成と国会開設に向け大きく動き出す。活動家以外のさまざまな演説会が急増するようになるのは丁度一八八三（M16）年二月頃からである。おそらく川上もそうした流れに乗って登場したのだと推測している。それにともない禁止や拘引も増加する。新聞紙条例が改悪されて言論統制が厳しくなり、出版条例も改悪され、一〇日前に内容の届け出を義務付けて罰則が強化されたからだ。俄などは、これまで自由に演っていたのだが、流行しすぎたせいで、筋を示して許可を得なければできなくなる。それも、この年の五月だ。筋を前もって示すようになるとそれは既に俄ではないと思うのだが、政府の性急な取り締まりには急増する政府批判に困惑や動揺が伺われる。

さて音二郎は翌日一カ年の「政談演説」を禁止されるが、その次の日から今度は「滑稽演説会」を三日間大津四の宮の劇場で開いたと、朝野新聞（二月一〇日号）は伝えている。それもまた禁止だ。この時期の政治状況については後述するが、ここでこれまで先学に取り上げられなかった演説会に触れたい（『近代歌舞伎年表京都編』参照）。

同じ年（M16）の七月四日（京都北川演劇場）と七月八日（京都南演劇場）の演説会で、前者は「仏教耶蘇大相撲演説会」（弁士――川上音次郎・竹崎隼雄・堤喜一郎・上田良願）、後者は「自由政談演説会」（弁士――川上音次郎・竹崎隼雄・袖岡貴久・堀木格明・堤喜一郎・並河平太郎・田中嘉十郎・偕春）だ（「京都滋賀新報」七月六日、七月一〇日）。前者の仏教演説会は、聴衆が二千余名も集まり、多くが僧侶で野次も多かったらしい。「耶蘇教は非、仏教は是」で終局した。

実はこの頃、宗教劇が大流行であった。日蓮六百遠忌・顕如上人三百年忌・弘法大師・親鸞等々、高僧たちの一代記が盛んに上演されていたのである。倉田嘉弘はこの現象を「日本列島は明治一〇年代の後半、飢饉、災害、疫病、経済不況などに取り巻かれていた。苛酷な現世から逃れたい、そうした願いが宗教劇に向けられたのであろう」（前掲書）と言う。一九八二（M15）年五月に、東京でコレラが発生し秋ごろまで全国で流行した。コレラは四年後、丁度演劇改良会が東京で発会したときにも近畿地方で発生している。〈明治一五年〉の初めてのコレラ流行時は、三池炭鉱の囚人の暴動、高島炭坑坑夫の暴動、そして各地で自由党員と農民たちが蜂起し警察官や軍隊が出動する事件が連発していた。倉田の推測は当たっている。貧しさや不当な扱いを許さない憤りが、一つは暴動に繋がり、一つは宗教に救いを求め、その結果大衆の間に宗教劇の流行を生み、仏教演説会を可能にしたのだろう。川上音二郎は、既に出発時から時代を読み、時代に生きる存在であったのだ。

「自由政談演説会」に興味深い記事が出ている。

「第五番目の川上音次郎が、官民の関係といふ題にて段々と説出し、その最後に諸君の気鬱を散ぜんため、余が自作の一トセ節を唄ひて、局を結ばんとて、大昔に一ツトセ人の此世に生る丶や民権自由のあればこそコノあればこそ二ツトセ不自由極まる世の中も之も官ちゃんが為すわざぞコノにくらしやと節面白く唄ひたるに忽地臨監の警官より事項外にわたる旨を述、中止解散を命ぜられたり。」というものだ。

初めに引いた記事と同様に官民の問題を鼠と猫で演説し、そして「気鬱を散ぜんため」一ツトセ節を最後に唄う。「大昔に一ツトセ人の此世に生る丶や民権自由のあればこそコノあればこそ二ツトセ不自由極まる世の中も之も官ちゃんが為すわざぞコノにくらしや」――これは当時歌われていた民権歌である。国会開設を求める自由民権運動が各地で展開された時、〈一ツトセ〉節で「民権自由」が歌われ、その思想を広めていた。歌詞は「余が自作の一トセ節」と言ったように弁士や演者により異なる。おそらくこの経験が後の自作オッペケペの口演に繋がったと思われる。この〈一ツトセ〉の記事を読むと川上は演説ばかりで禁止されたのではなく歌詞でも禁止されたことが分かる。

演藝場でやっている政治演説会だけが禁止にあったわけではなく、「浄瑠璃文句」も「猥褻《みだら》に渉り、風俗を紊乱するもの有りとて、其筋に於て目下取調中」（「京都絵入新聞」八月七日）という記事がある。先に引いたように各種条例で検閲が行われていて「表現の自由」は日々散々な弾圧にあっていたことが分かる。権力は常に、〈天皇・性・博打・危険思想〉などの表現を取り締まっていたわけだから、文楽や歌舞伎も当然にその対象になった。

禁止になっても川上の演説は続けられていたようで記録に残されている。ここでは〈自由童子〉の肩書きを付けて一人で話している（「京都絵入新聞」）。千本一条芝居（大悪魔大退治大政談大演説大々会、八月八日）、北芝居（滑稽政談演説会、八月九日）、東向芝居（あほう党ぼくめつ自由政談演説会、八月一四日）、などがそれだ。この記事には歌謡については何も触れられていないが、最後に一ツトセ節を入れた可能性はある。

このあと［注6］に記した白川本に挙げられた九月の講談禁止になる。九月一八日の朝野新聞では、自由童子の綽号を持つ「有名なる」「川上音次郎」は「京都府知事より」全国で一年間「政治」を「講談論議」することを禁止されたと報じる。しかし実際は九月二五日に南芝居で自由演説会を海渓山人と開いている。〈講談〉ではなく〈演説〉であるからかまわないというのが川上側の論法だろう。これは川上がすでに芸能者であって本来の政治活動家ではないことを逆照射する。

注記

6）白川宣力編著『川上音二郎・貞奴——新聞に見る人物像——』（雄松堂出版）から引いた。川上に関する新聞記事の内、白川本に収録されている記事はここから引く。

3　政談・講談・讒謗律・自由党

ここで時の政府が、叛旗を掲げ糾弾する講談・演説に敏感な理由を見てみよう。

西南戦争が終って新政府はやっと近代国家作りに邁進することができた（一八七七〈M10〉年）。しかし国会開設建白書、国会開設意見書が次々と出され、自由民権論は激しくなり、結果〈明治二三年に国会開設〉の勅諭がだされた（一八八一〈M14〉年）。植木枝盛は「日本国憲法草案」を起草し、民権結社の設立や憲法案起草がさらに活発になる。自由民権論と条約改正論が激しく論じられる時期が到来するや政府は集会条例、新聞紙条例、出版条例の改悪を続ける。川上の政談禁止や拘引は、こうした世の動きと連動し、安易に政談を語れなくなったのである。

「政談」から「滑稽」そして「講談」へ、弁士たちは揶揄・皮肉・笑いを含ませて政治批判、現状批判の演説を続けていたから、川上もその一人であった。川上と芝居をすることになる福井茂兵衛も、猿若町市村座の自由政談大演説会（一八八四〈M17〉年九月三日）に講談「仏蘭西革命自由の凱歌」で登場している（「自由の燈」九月三日号）。福井他一三名の弁士の一人星亭は、「清佛開戦を聞いて感あり」と弁じたように、国政に言及する政談が多い中、福井の講談は過去の話、一〇〇年前のフランス革命（一七八九年）で、まさにこれは芸能に当たると推測される。

王制瓦解・民衆蜂起というフランス革命は、現実の政府とオーバーラップさせて語るのに都合のいい話しだ。血なまぐさくドラマテックで映画や芝居の題材として格好の話だから二〇世紀後半には日本で漫画ベル・バラブームとなり一世を風靡、コスチュームものが得意の宝塚歌劇団でロングランの人気舞台を生み出している。いずれ新演劇の舞台に立つことになる福井の話は、フランス革命を演劇的に取り上げたのかもしれない。

先に引いた〈鼠と猫〉の演説や〈一ツトセ節〉でもわかるように川上の講談もこれと似たようなものではなかったかと思う。川上は後に「名家眞相録」で「寄席の高座へ上つて『經国美談』や『佛蘭西革命史』などを口演しては、暗に政治の諷刺をして居た」と語っている。題材がドラマティクだから直ぐに演劇になるのだ。

当時の讒謗律に触れるような激しい演説ではなかったから拘引されてもすぐに出されて次の手を打つことができた。自由童子と名乗った彼の思想が民権論の真髄を何処まで理解し、かつ〈本気〉であったかどうかは詳らかではない。が、後年の行動をみると、進取の気性に富み、しかも〈機を見るに敏〉な〈たち〉であるように推測されるから、世に出るための一つの手段であったとも考えられる。

少しそれるが、二〇世紀半ば、この時期の民権活動家を描き出した戯曲に清水邦夫の「署名人」(一九五八年)がある。伊藤任太郎(痴遊)『維新秘話』[注7]から題材を得て書いたと言うこの戯曲世界は、興味深い事例を描いている。当時（明治一七年）激しく政府を糾弾した活動家の弁士たちは、讒謗律に触れ、入獄を余儀無くされた。けれども彼らは活動を続けなければならない。そこで代わりを送り込んだというのだ。その代人である署名人と先に入っている本物の活動家との奇妙で恐ろしい人間の出会いを清水は描いた［注8］。これを読むとまさに明治が破天荒な時代であったことがわかるのである。

『維新秘話』の著者伊藤任太郎痴遊は、川上より三歳年下であるが同時代人といってよく、似たような歩みをしている。一五歳で自由党に入党、政治演説をしていたが、政治演説禁止令がでて政治講談をはじめる。講談は投獄された同志の救援活動をするための資金稼ぎであったと言う。〈痴遊〉と名乗って維新の裏面史を「新講談」として語り続けた。政治活動をする講釈師で話術は非常に巧みであったといわれている。川上と痴遊は一八九〇年、同時期に横浜や東京にいた。出会った可能性もあったのではないかと推測したが、実に二人は劇的な出会いをしていたのである［注9］。

川上の初東上開成座の公演の時だ（一八九〇〈M23〉年）。これについてはまた後で触れることになるが、川上作「芸者の子殺し」の上演に支配人から苦情がでた。これは当時話題の実際にあった事件である。

「座長川上音次郎丈は何の理由もなく止めることはならぬ、我一座は社会の風教を稗補する目的故公益を前にして私情を後にす。殊に我が作りし狂言凡ての責任は我にありて支配人の関する所にあらず（略）若宮万次郎丈は持前の壮士気骨を顕はし、舞台に立つて公共心の必要なる旨を述立て支配人を風刺したれば、万場拍手喝采の声湧き演芸忽ち一転して演説となり、次に横浜壮士伊藤任太郎氏飛入りに顕はれ支配人が川上一座を尋常藝人と同一視するの不明無知なるを責めしに是また拍手喝采を博したり。」（東京朝日新聞一八九〇年九月九日号）。ここの伊藤任太郎が痴遊である。政談演説をし、〈自由党員〉であった川上は単なる「尋常藝人」とは思われていなかったのだ。同時に「尋常藝人」とは、1節で引いた〈制度外〉の遊芸人・芸能者を指すのだろう。芸能者は近代社会になり、身分の解放が条例で出されても、差別され下等に認識されていたことが分かる。

痴遊は一五歳で自由党に入党したというが、川上も「名家眞相錄」で「自由黨に入り込んで」と語っていた。川上自身は記録を残していないが、一八歳で「日本立憲政党新聞の発行名義人」になったという説がある（井上精三「前掲書」、松永伍一「前掲書」）。松永は文中に、村松梢風の小説『川上音二郎』（太平洋出版一九五二年二月、潮文庫一九八五年一月）を引く。先にも触れたが、川上音二郎に関する種々の情報の始まりは、まさに村松梢風のこの小説（上・下）に由来する、と思わざるを得ない。が、その根拠は未だ不明だ。

村松より前の戦時中に明石鉄也が、『川上音二郎』（三杏書房一九四三年八月）を書いていた。「藝能長編小説」の角書がある小説で「藝よりも頭脳の良かつた點」に注目して音二郎の伝記を書こうと思ったと著者自ら記している本だ。

貞奴が川上の銅像を国家のために供出し、残された台座に東京府知事が川上の功績を刻んで話題になった、その翌年にこの小説は出た。貞奴の語り口で過去を思い出すように書かれているから貞奴からの依頼か、あるいは明石が貞奴に取材して執筆したのか、いずれかだと推測されるが、多分後者だろう。明石は小説家で、プロレタリア芸術が活況を呈し始めた頃にストライキなどを題材にした『故郷』という小説を書いている。築地小劇場分裂後の劇団築地小劇場が初演した（一九二九年七月）。「薫」（豊島薫）という署名の都新聞評は、脚色より原作の方がいいとある。左翼劇場が現代演劇の王座に着き始めた頃だから、明石はそんな時代状況をバックに「故郷」を書いたのだろう。であれば戦時中に出された『藝能長編小説　川上音二郎』も、話題性を狙ったものなのかもしれない。死後三〇余年過ぎて、しかも戦時中に演劇人川上音二郎が小説になるのだから驚く。

さて、戦後出た村松の小説だ。もちろん明石本も読んでいたと思われるが、村松の上下二巻の小説は明石版とは異なる。再版が出るくらいだから広く読まれたと推測され、村松本の持つ力はその後の川上音二郎像を規定していく。

当然ながら川上の取り上げ方は作家により異なる。〈政治と演劇〉をテーマに川上音二郎を舞台に乗せたのは、六〇年安保後の福田善之の「オッペケペ」（一九六三年）。福田は川上の初期を描いた。

このあと杉本苑子が小説『マダム貞奴』（読売新聞社一九七五年）を書いてベスト・セラーになり、それがＮＨＫテレビで放映され（「春の波涛」一九八〇年）、ここで更に川上音二郎と貞奴は独特な個性を上塗りされた。メディアが固有のイメージを植え付けたのだ。「宰相伊藤博文の寵愛を一身に受けながら、福沢諭吉の養子桃介への失恋は、貞奴の運命を大きくかえた。我儘な日本橋芳町の美人芸者から、オッペケペー節で名高い川上音二郎の妻の座へ、さらには女優として次第に変身してゆく。黎明期明治新劇界をバックに、恋に生き、芸に生き、愛に燃えた数奇な女性の生涯を赤裸々に描く長編力作。」（文庫版解説・武蔵野次郎）と貞奴がクローズアップされる。

ＮＨＫのブームにのったのだろう、一九八二年には、〈まえがき〉で触れた宝塚歌劇団のミュージカル「夜明けの序曲」（植田紳爾・酒井澄夫作演出）が誕生、音二郎・貞奴のアメリカ巡業を舞台化した。これは名曲を生み、再演もされている。

ストレートプレイでもアメリカ巡業は登場した。二〇〇七年に芸術座の後に開場したシアタークリエ第一回公演で三谷幸喜が「恐れをしらぬ川上音二郎一座」を書いた。海外公演については二冊目の本（『川上音二郎と貞奴　世界巡業から〈正劇〉』）で再度触れるが、虚実入り混じった川上音二郎・貞奴像が近年まで確実にできあがっているのは否定できない。虚構である演劇の世界や小説で虚像が出来上がるのはかまわないが、それが演劇史研究に採用されることが、問題なのである。

そこで「日本立憲政党新聞の発行人」を次節で検討したい。

注記

7）私が読んだのは、伊藤痴遊『隠れたる事実　明治裏面史　正続編』（成光館出版部一九二四（T13）年六月初版、一九二八（S3）年一〇月14版）である。

8）井上理恵「清水邦夫研究――初期の戯曲」『吉備国際大学社会学部研究紀要』17号　二〇〇七年三月清水の戯曲「署名人」は『清水邦夫全仕事』（1958～1980）上巻（河出書房新社一九九二年六月）で読むことができる。

9）松本伸子著『明治演劇論史』（演劇出版社一九八〇年）所収の新聞記事を読んでいて気付いた。松本氏は痴遊と川上の出会いについては触れていない。

4　日本立憲政党新聞発行名義人

さて、村松や松永伍一・井上精三、そしてその後の種々の展示資料や演劇研究書で記述されている「新聞発行名義人」説である。川上は「名家眞相錄」でこれについて触れていない。村松は、川上が青柳捨三郎から中島信行の日本立憲政党新聞の責任者、名義人になってくれと頼まれた様子を描いている（潮文庫上巻35〜43頁）。京都の中江兆民の演説会で川上は青柳と会い、その後中島信行に紹介され新聞の署名人になったという。村松がどこからこれを引いたかは明らかではない。村松の書く新聞は「立憲政党新聞」で京都の「下立売」に事務所があり、藤沢浅次郎がここで記者をしていて、川上と藤沢はこの地で知り合うことになっている。

川上は藤沢や青柳との出会いを「名家眞相錄」では次のように書く。

「新聞紙上で新派俳優を募集したのが明治十九年の事でしたが、此の廣告を見て馳せ参じた者が、其頃中國路に書生でうろついて居た青柳捨三郎、京都桂木新聞社員の藤澤淺次郎など合計二十人ばかりでした」［注10］

［注10］に引くように、出合いについてはいくつかの説があり、明らかではない。おそらく藤沢が新聞社に関係していたから、村松の書くような出来すぎた話が作られたのかもしれない。

事実ならドラマティクな展開になるが、しかし京都に「立憲政党新聞」はない。周知のように日本立憲政党新聞は大阪で出されている。

ここで同時代人の資料を見てみよう。どうやら緒論の源と言える一文が見つかった。伊原敏郎著『明治演劇史』（鳳出版一九七五年）である。伊原は伊原青々園で明治の劇評や評論を書いていた著名人として現在位置づけられている。

「著者が彼から親しく聞いた所によると、九州博多の生れで、父は黒田候の御用商人」「十四歳の時に母が死んでから、國元を出奔して大阪へ出て、更に東京へ着いて、増上寺の小憎、慶應義塾の學僕、裁判所の給仕」「再び大阪まで歸り、丁度立憲政黨が組織されたので、その黨に入り、機關紙の『立憲政黨新聞』の名義人」「同紙の言論が過激なため、一二年のうちに五六回も獄に投ぜられた。」とある。種々の伝記の根拠はこれであったのだ。が、これは一九七五年に上梓された本である。川上から「聞いた」というなら初出があるはずで、それはなかなか見つからなかった。多くの人が伊原青々園『壮士芝居の歴史』を上げたが、出版社も年月も分からず、存在は不明であった。どうやらほとんどが孫引きをしていたのだろう。柳永二郎は『新派の六十年』（河出書房一九四八年）で伊原の文章が『新小説』にあることを突き止めていた。

『新小説』（一九〇二〈M35〉年二月〜一二月）の「藝苑」欄に、伊原は第一回「壮士芝居の歴史」（原文旧字）を題にして書き始めている。川上については何度か取り上げていて、毎回文章の夕イトルは変わっている。三月号の「川上音二郎」に〈講談〉のような面白い話が述べられている。

「立憲政黨の總理は先年物故した中島信行氏で、其の機關新聞として『立憲政黨新聞』が發行せられたが、川上音二郎は此の政黨員の一人となつて且つ同新聞の假編輯長となツた」「一年ばかりの中に五六回ばかり官吏侮辱などの科で監獄へ投込まれたさうだ」

同時代人伊原の記したことだから、その後の人々は信用したのだろう。少し検討したい。

一八八二（M15）年二月、中島信行らは大阪で立憲政党を結成する。この政党は自由党の副総裁の中島信行が総裁をかねたといわれている。他方、日本立憲政党新聞は、大阪毎日、大阪日報を経て一八八二年二月一日から八五（M18）年九月一日までの極めて短い間にでた新聞だと現在は把握されている。所在地は「大坂本町二丁目五十二番地」、ここは前身の「大坂日報社」と同じ番地であった。大阪日報が名前を変えたのは、度重なる筆禍をかわすためであったといわれている。主筆は古沢滋だった。日本立憲政党新聞は三年で終り、その後財界の助力を得て元の大阪毎日に変わる。

日本立憲政党新聞は、後に中島の妻になる初の女性弁士岸田俊子の演説予告（大阪道頓堀朝日座で開催される立憲政党主催の演説会、一八八二年四月一日）を大きく紹介しているから立憲政党の機関誌であったことは疑いない。しかしこの新聞の「発行名義人」に川上音二郎がなったという説はどうにも疑わしい。日本立憲政党新聞創刊第一号の社告には次のように記されている。

欧米諸国出版の自由を与たる政府の下にて発行したり新聞雑誌等には編輯長等の署名することも嘗て之なくして唯未だ全く出版の自由を許さゞる国にては新聞条例の如き者ありて編輯長等をして署名して其責に任ぜしむる事なり（略）我党は固り出版の自由を希盟する者なれば（略）紙尾署名の儀は仮編輯長を以て印刷長を兼任したる者一人に止むる事となしたり

そして仮編輯長兼印刷長に、河原政庸の名がある［注11］。仮編輯長兼印刷長の名前は四月から吉田五郎に代わる。しかし川上音二郎（音次郎）の名前はどこにもない。川上がこの新聞の「発行名義人」になったという話は、やはり疑わしい。

また、伊原も松永も新聞の「発行名義人は官憲侮辱罪などの罪で留置場にたびたび入れられた」（39頁）と書くが、日本立憲政党新聞を見る限りそれほど先鋭的とも思えなかった。度々留置所入りを川上がしたのは新聞の発行代理人としてではなく、言い換えれば筆禍ではなく舌禍ゆえであったのだ。

川上から聞いたという青々園は、いつ川上から話を聞いたのだろうか。川上は一八九九年四月からアメリカへ向かい、ヨーロッパを回り、一九〇一年一月に神戸に着いた。そしてすぐ四月にロンドンへ向かい翌一九〇二年八月に神戸についている。青々園がこの記事を『新小説』

に寄稿していた三月には、日本にいない。一月から四月までの間に話を聞いたのなら、帰国早々の海外の様子を何故書かないのかも不思議だ。一二月までの連載に海外巡業に関する記述はない。不思議である。青々園の記事に関してはこれからも触れることになるから、ここでは一時打ち切りたい。そして青々園にも、時には疑わしい言説もある、と押さえておこう。

　これまで言われていた〈日本立憲政党新聞の発行名義人という話〉は、極めて疑わしく、事実ではなかったと言っていいと思われる。

注記

10）藤沢浅次郎（浅二郎）については、幾つかの説がある。本文で引いたように川上は京都桂木新聞社員であったといい、同時代の劇評家伊臣眞（紫葉）は、京都の日出新聞や政治雑誌『活眼』などに「寄稿」していたと書く（『観劇五十年』新陽社一九三六年）。『演芸画報』の藤沢の「名家眞相録」には、執筆者不詳の伝記があり、藤沢は京都に文社のあった東雲新聞の記者になり、いつしか川上と知り合ったとする。藤沢自身は同じ号に「新劇に関する感想」を紫水の名で寄稿しているが俳優になる前の状況には触れていない（『演芸画報』一九〇八〈M41〉年四月、第二年第四号）。あとでふれるように伊原青々園は、『新小説』五月号「新俳優梁山泊」の中で、藤澤浅次郎について次のように記していた。「藤澤は元京都上京柳馬場三條の呉服屋の倅（略、東京の呉服屋へ見習いに行き）二十歳の時京都へ再び歸つて或る代言人の書生となり其れから『活眼』といふ雑誌の記者をして居た。其の時に青柳が懇志になつたので、川上が今度芝居を行すから是非自分も一所に仲間へ入《ママ》りて呉れ、と青柳の紹介で申し込んだのである」

伊臣の言説は、伊原が『新小説』に連載していた一文から生まれたと考えられる。

東雲新聞は一八八八（M21）年一月から三年間ほど続いた新聞。『活眼』については不詳。

11）国立国会図書館に河原編の「公儀輿論公国の規模」がある。一八八一（M14）年一一月宝文書屋

5　音二郎と演劇改良

川上は歌舞伎役者の集団と共に舞台に立つことから俳優人生を歩き始めている。一八八七（M20）年二月のことである。白川宣力によれば、「中村駒之助・中村仙昇ら歌舞伎俳優の一座に加入」し、京都坂井座で舞台に立ったとある（「川上一座　上演略年表」『川上音二郎・貞奴』所収、以下「上演略年表」）。一番目「華魁莟八総」の二幕目「宝流閣」の場で御注進の役、中幕「南洋嫁嶋月」では二役（信州書生と一等属辻森）と記録されている。前者は時代物、後者は現代物と考えていいだろう。しかしこの舞台に立ったことを川上は「名家眞相録」で触れていない。この舞台については伊原青々園と柳永二郎が記録を残しているから後述する。が、その前に川上に関連深い「演劇改良」、これは一年前に提唱されたのでそれを少し見ておこう。

1節で〈明治八年の検閲と税の徴収の始まり〉を既に記したが、明治政府の演劇政策を調査した松本伸子（『明治演劇論史』）によると、「劇場取締規則」が警視庁から布達されたのが、「明治十五年二月十五日」（一八八二年）で、これは「免許とか鑑札という観念の法的な裏づけを劇界に徹底させる効はあった」が、「俳優の身分に関する具体的な規格は記されて」ないという。

川上音二郎は、「明治十五年二月十五日」の布達後に、京阪における俳優鑑札を得ていて（一八八四〈M17〉年）、朝野新聞には「遊藝人の鑑札を受け」という記事も出た（一八八五〈M18〉年）。

「劇場取締規則」は、この後「明治二十三年」に出され、「明治三十三年」（一九〇〇年）には「演劇取締規則」と呼称も変わる。これについては今後も度々触れることになると思われるが、詳細は松本伸子本を参照されたい。

幕末に結んだ不利な条約を改正するために西欧を手本とする高尚な演劇にしなければならないという政治的意図で、演劇改良会が一八八六（M19）年八月に東京で発会されたのは、よく知られるところである。それに先立つ七月、総理大臣伊藤博文は市川團十郎・尾上菊五郎と会い、外国の行使を案内できる満足な劇場が東京にはないから「国ノ実益ヲ害する」。二人は「小闘争ヲ止メ」演劇改良に努めてほしいというようなことを告げたという（『郵便報知新聞』七月一一日）。「百害あって益なし」で国の役に立たない〈無益の演劇〉の、〈役に立つ演劇〉への転換かとみるとそうでもなく、改良は演劇ばかりではなかった。当時、様々な国民生活や風俗の改良が叫ばれている。例えば女學改良・衣服改良・家屋改良・宗教改良・新聞改良・条例改良・官吏改良等々…、演劇改良もその一つであったのだが、権力は外交政治に利用しようとしたのである。

演劇改良は海外生活の長い伊藤博文の娘婿末松謙澄が中心になって文案を作成した、と言われている。末松は一八七八（M11）年に在英日本公使館付として渡英、八六（M19）年三月ケンブリッジ大学卒業と同時に文部省参事官として帰国命令を受けて四月に帰国した近代日本のホープであった（倉田嘉弘『芝居小屋と寄席の近代』）。一〇月に一ツ橋の文学会で「演劇改良演説」を行った。参加した関係者はほとんどが政財界人であった。第一が脚本論（これまでの芝居の内容を変える）、第二が作家論（著作を栄誉ある仕事とみなす）、第三が劇場論（構造を変革）、そして女優採用論、チョボ使用禁止に関するものなど…多岐にわたる。以後当時の知識人たちは、これについて種々の異論反論を出した。森鷗外・坪内逍遥・外山正一等の意見がよく知られている。演劇改良に関しては前掲松本伸子本や秋庭太郎『日本新劇史』（理想社一九五五年初版、一九七一年再販）、小櫃万津男『日本新劇理念史　全3巻』（白水社・未来社一九八八〜二〇〇一年）等があるから、詳細は参照されたい。

この明治の「改良」という意識――政治も含めて、これが川上たち壮士・書生と称された明治青年の根本にあったことを押さえなければならない。それゆえ川上たちの演劇は「演劇改良」「改良演劇」と言われたのである。そこで見ておきたいのは、川上の活動の中心であった京阪における改良会と改良演劇の上演についてである。川上がこれを観たという伝聞説がある（高谷伸『明治演劇史傳　上方編』建設社一九四四年）。大阪の改良演劇を観て政談演説の川上が演劇へ移ったというものだ。これは資料の提示もなく疑わしい説であるが、本当のところは不明である。

『近代歌舞伎年表大阪編』に、「十月九日　南地、南鏡園で大阪演劇改良会」（明治一九年）の記事がある。府会議員扇谷五兵衛、新聞記者など四〇余名と俳優――宗十郎・璃寛・雀右衛門・芝雀・市十郎・珊瑚郎など四〇余名が参加したというものだ。法月敏彦も指摘したように（日本演劇学会口頭発表、二〇一四年六月）、東京の改良会とは異なり、大阪の会は俳優が多数参加している。開催までの経過が記されているから少し引く。東京の発会後すぐに準備したようだ。「八月初旬、俳優取締の雀右衛門宅で改良会発起の相談。八月中旬、南鏡園に俳優および子方が集合して行儀作法の修業。九月二十五日、南地、南歌楼に安井健治、扇谷五兵衛、戎座々主、宗十郎など二十余名が演劇改良の集会を催し、十月九日の開会を決定。十月二日、大阪警察本部が道頓堀五座の座主および宗十郎を召喚し、五座合併し演劇会社を設立、更に大劇場の建設を口達した。」

これを読むと、俳優の修養と劇場改良が主のようだ。やはり俳優に対する「制度外」意識が横たわっている。「明治十九年」という年は、川上の「名家眞相錄」によると、演説で度々捕まっていた川上が「二十四回目の時には、満一ケ年の間奈良の監獄に居ましたが、非常にコレラの多かった年で、監獄でも毎日此病氣の爲に死ぬ者が澤山にあつた」という時だ。一八八六（M19）年の近畿地方コレラ流行の年である。五月に「コレラ流行につき諸興行停止（朝日新聞、五月二五日）」が告示され、一〇月末に一部解除されている（『近代歌舞伎年表　大阪編』）。白川本の「上演略年譜」の「明治19年」の欄が一月から一二月まで空白の理由がこれで理解される。

川上は一二月末に出獄し、そしてすぐ翌年二月に舞台に立ったことになる。

　倉田嘉弘によれば、コレラはほぼ隔年ごとに日本中のどこかで流行し、コレラ患者が出ると、その地域の劇場は直ちに閉鎖されたという（『芝居小屋と寄席の近代』）。大阪でコレラ流行の翌一八八七（M20）年、脚本改良の意図で上演された歌舞伎舞台が三つある。一つは、柳永二郎が告げている四月の「鴈次郎《ママ》が末廣鐵腸の政治小説、『雪中梅』に武田猛の役に扮して、素顔地頭で登場して、鴈次郎は發狂したと言はれた」公演、次は改良演劇とは呼称していないが、八月、中劇場で「現時の人情をうがちし春の家主人の名案を其儘写す演劇の新作」という角書が付いた「当世書生気質　洋本仕立全七冊」の上演で、同じ中村鴈治郎が舞台に上げた。前年に小説が完成しているからこの上演は脚本改良を意識した意欲的なものとみていいだろう。

三つ目は、一〇月に戎座が浪花座と改め、改良劇場会社と称して、活歴「千種秋嵯峨月影《ちくさのあきさがのつきかげ》」を鴈治郎・雀右衛門・宗十郎で舞台に上げたもの。『近代歌舞伎年表大阪編』が「十月四日演劇改良と浪花座の開場」の後、浪花座の番付を載せる。備考欄に「大阪にて活歴の始め」、「大入りにつき来る二十八日迄日延」（朝日新聞一〇月二六日号）の記載がある。どうやら大阪の活歴は、観客を喜ばし大入りが続いたようだ。

　これらを川上が観たかどうかは不明である。白川本の年表は空白、倉田嘉弘本の川上年譜には五月に「神戸で改良演劇」をしていたとあるが、演目は記していない。

　この舞台を紹介した高谷伸は、前掲『明治演劇史傳　上方編』の「中村宗十郎」の章の「演劇改良運動」の項でリアルに拘りすぎて失敗したような伝聞を書き、「このために宗十郎の改良運動も一頓挫を招いた」と記述。章最後の自身の「結論」として「(宗十郎の)改良劇は第一歩で蹉跌したが、角藤定憲は宗十郎の舞臺を見て新派劇を思ひ立つたといひ、川上音二郎亦彼の藝に刺激さるものがあつたといふ點に於て、改良劇は意外の方向に成果を得たとも言ひ得るのである。」と結語した。観客が入っていたという同時代の新聞記事と乖離する評で、一体どこからの伝聞か、気になるところだがその記述はない。

後年秋庭太郎も、関西の改良演劇の章で宗十郎の改良劇について、「角藤定憲や川上音二郎が宗十郎の新しい寫實的演技に刺戟されて新演劇を思ひ立つたとも傳へられており、宗十郎は技藝のみならず、上方の芝居番附の改良、後見の廢止、稽古の簡捷、俳優生活の簡易化等を唱道したとも云はれてゐる。」と記述(『日本新劇史』上巻125頁、傍点引用者)。そして高谷伸と久保田米僊《ベイセン》の宗十郎に関する一文を引いた。「結論」は引かなかったが、前文で角藤と川上が「宗十郎に刺戟されて新演劇」を始めたという伝聞を記していた。

そこでまた伊原敏郎本をみると、『明治演劇史』(648頁)にあったのである。高谷も秋庭も青々園の言説から記していたのだが、名前を挙げていないのは何故か、気になる。そしてもちろんこれは『新小説』(M35)の連載文が元である。四月号「藝苑」の「壮士芝居の元祖」で青々園は、「角藤の方では壮士芝居の元祖はじぶんだといひ、川上のほうではイヤ自分が元祖だと言ツで居る」と書き出して「川上が京都で彼の『八犬傳』の注進を勤めて本身の鎗をしこいた時から起算すれば彼が無論元祖であるが（略）獨立の壯士芝居ではなかツた」と記し、そして角藤が小説「豪膽之書生」を書き、大坂京町堀の大賈堂の主人吉田香雨がこの本を出した。「其れが縁なつて」二人は出会い、「不圖新演劇の計畫が出来たので、此の吉田香雨も角藤が新演劇興行の爲めに盡力をしたさうだ」そして角藤は宗十郎が好きで宗十郎の芝居は欠かさず見ていて、彼の写実表現に惹かれていたこと、「宗十郎のして居る芝居のやうに、古い時代のみならず明治年間の出來事で、明治の人情風俗も彼の通り舞臺で寫實に演ツたら面白からう」と考えたという。政談演説はすぐに警察に中止されるから「壯士が寄つて芝居をして、其の狂言に政治の事を仕組んだら警察に中止される気遣い」もない。

　角藤の壮士芝居の始まりを伊原は、角藤からの伝聞ということでこのように記していた。川上についても「川上が役者になる時、中村宗十郎が橋渡し、角藤が矢張り宗十郎の藝に刺激せられて新演劇を思付いた所をみると、實に宗十郎の感化力といふものは驚くべきではないか。」と結んだ。次節で触れる川上の舞台のことで、そこに出る橋渡しを宗十郎がしたというのである。もちろん川上はそのようなことは「名家眞相録」に記していない。

　面白いことに、この伊原文を同誌七月号で、吉田香雨が批判する（「壯士芝居の元祖」に就て）。「そは少々間違ひなので、其實この壯士芝居といふものは、全く小生の發案」「謂はゞ小生の理想を角藤が實地に行つたといふのが事實である。」そして小説も初めは「吉備の夜櫻」であったが、「其頃世間が政熱に浮かされて居る時分だから、寧ろ『剛膽之書生《がうたんのしょせい》』と改題した方が宜

から う」ということで上梓、三千部ばかり売れた。そして角藤の旗揚げまでの様子を縷々書き、「壮士芝居の元祖といへば、角藤定憲に相違はないが、是を發案したものは誰かといへば、即ち小生であると答へるのが事實である。（略）伊原氏に就いて、少しく事實の訂正を請ふ」と。

伊原は、この吉田の批判には最後まで応えず、一二月の最終回に角藤の手紙を載せた。角藤は、「壮士演劇元祖云々」の吉田の話は「同君の思違にて、小生の拙作剛膽の書生といふ小説は吉田君の書店に賣りに行ぬ前に壮士演劇の脚本に仕組む下心にて製作仕候物に有之、拙著が若し幾分の金錢賣却が出來れば壮士組織の資金にもと吉田君の宅へ行き、目的を述べて買取貰ひたる次第」と書く。

壮士芝居の発案について両者の意見は、食い違っているが、吉田が角藤の旗揚げに種々援助したことは事実のようだ。また、角藤や川上より前に名前が残されていない小集団が、地方を回っていたという説（伊臣眞『觀劇五十年』新陽社一九三六年一〇月）もある。

ここではこれまで言われていたように壮士の政談演説から壮士演劇への道が生まれたが、歌舞伎俳優の大阪改良演劇の舞台（明治二〇年四月・八月・一〇月）が角藤や川上の旗げに直接的影響があったという指摘は疑わしい、と大雑把にとらえて確定はさけたい。

6　俳優デビュー、音二郎舞台に立つ（一八八七年）

「名家眞相録」をみると、川上は芝居をするようになった事情を次のように記している。〈政治に関する講談論議を禁止す〉という内務大臣田中不二磨の訓諭で政談演説が出来なくなって講釈師になり政治の風刺を混ぜて喋っていた。それもダメで落語家の群れに加わり寄席に出て講談を装い政治の風刺をしていたが、寄席から断られるようになり「口だけで諷刺する事は出来ない、どうしても大仕掛けにして音楽や道具の保護に依つて演らなければ駄目だと思つた」「音楽や道具を遣ふとなつて見れば、さしづめ役者になるより外に道がない」「役者になつて大に諷刺をやらう」と、芝居に移る動機を語っていた。

この言説がどこまで真実かは不明だが、筋が通っているように思える。あくまでも推測でいうと、前節でみた鴈治郎や宗十郎の舞台が、伊原青々園の記述のように川上の演劇人への歩みに直接的な影響を与えたとは、どうにも考えられない。

具体的には、宗十郎の改良演劇よりも半年ばかり早い改良演劇の舞台に川上が出演しているからである。先にあげた白川本の「上演略年表」の芝居だ。

柳永二郎は『新派の六十年』で、新演劇の祖・壮士芝居の祖といわれる角藤定憲の登場（明治二一年一二月三日、大日本壮士改良演劇会　大阪新町座）より川上は「二年も前の二十年二月に芝居をして居る」と記した。それが京都坂井座の舞台だ。柳の出典は京都坂井座の番付で、一番目里見八犬伝「華魁莟八総」と中幕「南洋嫁嶋月」に出演、前者には「里見館の段」に「井ノ丹次」役で、後者には「一等属辻森（藤森）」で登場したという。

「實川とか中村とか市川とかいふ歌舞伎役者の連名の中に、一人だけ川上音治郎と名を載せて居る」、それは川上が「何等かの意味で呼び物になるだけの存在」であったからだとみる。これは卓見だと思う。新聞紙上を賑わしていた政治演説と度々の拘引が、川上を有名にしていたからである。

興味深い川上の広告を見つけた。川上が「改良演劇」に出演するからその前に演説会を催すという一文で、これまで白川本で引かれていなかったものだ。一八八七（M20）年一月三〇日の日出新聞に「川上音二郎の広告」が掲載された（『近代歌舞伎年表京都編』）。鴈治郎や宗十郎の改良演劇より早い芝居の広告である。これで、川上が大阪の改良演劇に刺戟されて壮士芝居を始めたという説が崩れる。伊原青々園の伝聞というのも疑問視するところがあるようだ。

今般俳優トナリ坂井座改良演劇へ出席仕候ニ付傍聴無料ニテ一月三十日三十一日両日午后第六時ヨリ新京極坂井座ニ於テ演劇改良大演説自由童子　川上音二郎出席

坂井座の新演目〈東洋のロビンソン〉「南洋嫁嶋月」についての記事もある。
「当府（編注、京都府）の好劇家が、都連と云う組合を結び、演劇脚色等に批評を加うる事となりしより、これが為め大に俳優作者の注意を喚起し、今度新京極坂井座に於て興行する東洋魯敏孫田中鶴吉氏の伝記を演ずるに就ても、新脚色なれば蓋明きに先だち、正本に就て同連の批評を乞う筈なりと。」

どこよりも早く坂井座が、演劇改良の趣旨のもとに新しい脚本の芝居を上演する。一番目の里見八犬伝よりも新しい脚色に観客の注目をあつめようとしている。単なる新作の上演ではなく〈都連〉の「批評を加うる」という行為、しかも常連の劇評家ではなくて好劇家というところが批評の改良に通じ、これこそが新しい時代の到来を意味するものだと思われる。しかも京都からそれが発信されている。後で引くことになる政談演説も京都が盛んであった。都は東へ移ったが、この国の新しい文化は京から始まると告げているようで興味深い。

「南洋嫁嶋月」は、『時事新報』に連載された田中鶴吉の伝記「東洋のロビンソン・クルーソー」（一八八六〈M19〉年一月一五日～二月一二日号）を題材にして脚色され連載から一年後に舞台に上げられた。台本は柳永二郎の本に引用されている。それを見ると筆記者は山崎琴昇、表紙には改良演劇とある。役名には八人あがっている。「東洋のロビンソン　實ハ田中鶴吉」「海軍中将　曾根祐準」「前田喜代松」「上総の清次」「一等属　藤森」「海軍少佐　飯田俊道」「信州小生（書生）川上音二郎」「土人　チャンキイ」だ。藤森は辻森と同一。「一等属　辻森」の演者（俳優）は川上音治郎と記されている。さらにもう一つ川上は、幕開きに「川上音二郎」という役名で本人が登場した。

「南洋嫁嶋月」の舞台は小笠原諸島の一つ無人島嫁嶋、そこに住む田中鶴吉のアメリカでの苦労話と仕事――「國益」（養豚・製塩・牧畜）の続行が大筋。東京に戻るように進言にきた海軍士官（中将・少佐）は小笠原伯爵の島の由来を語り、無人島から出ることを進めるが田中はその言葉を受け入れず、この島でもう少し仕事を続けたいという。田中の意志を尊重して「君は國益のために孤島の客となるは同論にして、実に國民の義務たり、尚たゆまず労し給え」と銃を与えて去る。近代産業を成功させ、国を富ませるために努力せよということだ。舞台構成は歌舞伎的でチョボも入る。

川上は幕開きに登場、「浪幕外、一聲浪音にて幕開く。上手から、うつろ舟出る。信州書生川上音二郎、洋服當の躰、ずゐぶん汚い方よろし。」川上は田中の住む嫁島から本島へ逃げてきたのだ。「チャンキイ」という「土人」に事情を話すとチャンキイが田中の話を聴きたがる。「さらば田中氏履歴を演説。君それに有て傍聴し給へ。エヘンエヘン」と始める。「しきりと辯じ」、とあるがその内容は記述されていない。『時事新報』の記事をもとに弁士川上が自由に論じた――語り手としての登場だったと推測される。政談演説で名をはせた川上が、自分の役を自身で演じる。何と演劇的であることか……。これはまさに川上音二郎の俳優デビュー以外の何ものでもない。

場が変わり田中が登場、この島で天日の製塩をするようになったいきさつなどを語る。次に田中に資金を提供していた前田が登場、島で仕事を続けるのは危険だから東京に戻るように説得、しかし田中は受け入れない。実際の前田喜代松は、「日本牧畜業創始者のひとり」(吉原ゆかり)だそうだ。

〈東京〉が度々出てくるには理由がある。小笠原諸島は、一八七五年に内務省の所属となり、父島に事務所をおいて経営に乗り出したが一八八〇年に東京府に所管が移されて田中鶴吉がこの島に調査しにきた頃には東京府の経営が始まったばかりであったからだ(松永秀夫「田中鶴吉 東洋のロビンソン」太平洋学会誌一九八五年一〇月)。

最後に海軍中将が登場する。一緒に現れるのが川上の藤森で、セリフが二つ三つある。「是に渡らせられるは曾我中将殿、此度政府の命により海岸測量の為、小笠原の本島に來り給ひ汝の誠心を聞き、わざ〱尋ね給ふ。」というもの。

新聞小説を芝居に仕組むのは、歌舞伎もやっているから特別に新しいことではないが、改良演劇と名付けて取り上げた題材が、養豚や牧畜、天日干の製塩という近代社会の新しい産業を起こそうとする田中鶴吉の話で、立身出世に通じるところが、歌舞伎のそれと異なるといえばいえるのだろう。ちなみに昭和期に作られた小笠原礼法(礼儀作法)は、この芝居に登場する元小倉藩主・小笠原伯爵の子孫によって広められた。昭和初年の小笠原伯爵邸は現存し、レストランになっている。

「ロビンソン・クルーソー」（一七一九年）は、世界各地で大変流行した小説だ。その翻案や改作も多い。吉原ゆかりの調査によれば、オランダ語からの翻訳が一番早く（黒田麹廬『漂荒記事』一八五〇年頃）、明治期にこの小説が流行ったのは、島国日本で「勤勉精神を元手に産業化・近代化を進めるしかなかった国だからだ」（吉原ゆかり「明治に環太平洋でロビンソンする――田中鶴吉と小矢部全一郎」『日本表象の地政学』所収　彩流社　二〇一四年三月）という。確かに吉原の推測の側面はある。〈東洋のロビンソン〉も流行小説を真似たものだろう。この主人公の田中鶴吉は、明治の立身出世願望を実現した存在のように受け取られるが、そうではないらしい。この後、島の経営に失敗して再度アメリカへ渡ったそうだ。詳細は吉原論文を参照されたい。

7　御注進役とオッペケペの扮装

さて、柳永二郎は、一番目の八犬伝に川上が〈御注進〉役で出たという伊原青々園の記述を引いてこれに疑問を呈している。伊原説は様々な角度からやはり再検討しなければならない対象のようだ。柳は次のように記す。

伊原は「壮士芝居の歴史」(これまでこれは二重カギで括られていて単行書のように思われていたが、『新小説』三月号連載文である……井上注)で寶流閣の段に川上が「御注進」役で登場していると書いた。が、番付によれば「里見館の段」に「井ノ丹次」役で川上は出たが、「寶流閣の段には、川上の名もなければ、そんな役(御注進役)も出て居ない」と指摘する。伊原が書き、その後の著者たちが記述し、白川も「上演略年表」に記した「御注進」の役は番付にはない、というのである。しかもオッペケペの扮装について「後鉢巻に緋の陣羽織、瀧縞の木綿の袴に日の丸の軍扇といふ拵へは、この時の御注進の扮装を用ひたものだといふのが、定説」と記す。この「定説」が、いつ確定したのかは不明だ。この「定説」にも柳は疑問を呈している。

少し書き加えると伊原は、「御注進の役」については記したが、その衣装がオッペケペの扮装になったと、『新小説』にも『明治演劇史』にも記していない。ちなみに村松梢風の小説では、自由亭〇〇童子で高座に出ているとき、咄しの種が尽きてきて、考え出したのが「オッペケペー節」で「黒木綿の筒袖に白金巾の兵児帯、白縞小倉の袴。上には何処で買ったか緋羅紗の陣羽織を着込み素足に白の後鉢巻物々しく、白地に日の丸の万歳扇を持って高座へ坐る。長い髪が鉢巻の上に分け目から二つに岐れて懸っている。」（潮文庫上巻64頁）と、記述されていて柳の指摘する「定説」に似ている。

坂井座の番付は『近代歌舞伎年表京都編』にあり、それを見ると柳永二郎の記述の正しいことがわかる。川上は、寶流閣の段には出ていないのである。再三指摘してきたが川上に関する話は、明確な資料がない限り、どこまで信じていいかの判断が難しく、これもその一つだ。川上自身も脚色し、評者も話を勝手に編み出すからだ。つまり〈十の偽り話に一の真実〉か、〈十の真実話に一の偽り〉か、あるいは〈全て偽〉か、判断しにくいのだ。したがってご注進衣裳採用についても限りなく〈偽〉に近いと見るよりほかない。

オッペケペの扮装について、伊臣眞（紫葉）が記録を残している。あるいはこれが「定説」の出処かもしれない。これを柳永二郎が引いている。が、残念ながら伊臣説も柳説もわたくしは、限りなく灰色だとみている。それは次のようである。

「川上が寄席でオッペケペー節を演つたといふ記録はあるが、それを見聞した實際的な記録を私はこゝに始めて見た（略）事実を、絶対に信じてよからうと思ふ」（84頁）と柳はかなり感動した筆致で記している。そこで伊臣の一文を引こう。

その年の春未だ寒い頃、浅草藏前の八幡神社境内へ大弓を引きに往つた歸り、その隣の八幡亭といふ寄席に自由亭○○童子出演のビラを見て二錢の木戸錢で這入ると、打出しの眞打が黒木綿の筒袖に白金巾の兵児帯白縞小倉袴の上に古ぼけた夜店物らしい緋の陣羽織を着こみ、素足に白の後鉢巻物々しく、白地に日の丸の萬歳扇を持つて座つた、長い髪が鉢巻の上に分け目から二つに岐れて懸つてゐるこの○○童子は三十歳恰好のガッチリした男で、爲政者を攻撃する様な噺とも演説ともつかぬ小話が済むと「儘になるなあら自由の水で國の穢れを洗ひたいオッペケペッポッペポッポッ」と唄つたものだが、今しも幕外に出てオッペケペ節を唄ふ川上音二郎が先の○○童子であつたのだ。

（伊臣眞『観劇五十年』300頁）

「その年」とは一八九一（M24）年、浅草中村座で川上が公演を持った時（六月）の春を指す。伊臣は中村座の舞台で川上がオッペケペをやっているのを見て、春に浅草の寄席で見た自由亭○○童子のオッペケペを思い出したというのである。伊臣が記録するオッペケペの衣裳は挿絵で見るのとは異なり古ぼけたものに描写されている。

伊臣の記録に感動した柳永二郎は、伊原青々園が引く金泉丑太郎日記を写して二月一八日「先生同道に東京へ行一九日に歸宅する」を根拠に、金泉は横浜へ戻ったが川上は東京へ残り、小遣い稼ぎで寄席に出たと推測する（前掲書）。川上一人が東京に残った根拠はもちろんなく、柳永二郎の推測である。

金泉丑太郎は、川上の事務方兼俳優をしていた存在で伊原青々園が『新小説』の連載で二人の関わりをかなり長く記述し、日記を書き写している。柳はそれを引いたのである。金泉について川上は「名家眞相録」で全く触れていないが、川上一座にいた。9節で金泉についてふれる。

さて、柳を感動させた伊臣の一文だが、これは時期的に見て伊臣眞の勘違いではないか思う。この童子は別の「自由亭〇〇童子」だ。川上はこの頃には自由童子を名乗っていないし、既に演劇一座を立ち上げていた。新演劇の旗を掲げて「一座はいわゆる滑稽俄かという体質から少しずつ脱皮し始め、演劇と呼ばれるにふさわしい舞台を見せる程に成長していったことは、彼等が学海の『拾遺後日連枝楠』を二の替りとして演じたことに如実に示されている」（137頁）と松本伸子が指摘したように、人気が上がり、意気揚揚とした二度目の東上であったからだ。しかもあとで引くが、川上はオッペケペの扮装を中村座公演で例の定番にしたように記しているから、真偽は明らかにできないが怪しい。

この年の春には川上は横浜と小田原で公演を持っている。かなりな人気で金品を贈られたり、手紙を送る女たちが多かったという記事もある。大騒ぎになった拘引沙汰もあった。したがってそんな川上が〈金に困ったから小遣い稼ぎ〉で寄席にでるだろうか……。しかも川上音二郎の名前を使わなくては客も呼べない筈だ。川上は常に「自由童子　川上音次郎」と名乗っていた。伊臣が見たのは川上を真似た「自由亭○○童子」と名乗る壮士が演じた「オッペケペ」だと、わたくしは思う。

『近代歌舞伎年表名古屋編』には、「壮士の俳優」のタイトルで「本名杉山若次郎一名自由童子芸名を尾上松之助の一座～～云々」と自由童子を名乗っている俳優の記録があり、演説を交えた演劇が大入りとある（明治二三年一月）。同じく『京都編』には祇園館「自由政談大演説会」の演者は「三渓自由童子」と記録されている（明治二四年九月一五日）。これをみると自由童子は川上のみの名前ではなかったこともわかる。伊臣眞が浅草蔵前で見た自由亭○○童子は、川上音二郎ではない、とみていいだろう。

しかもオッペケペ節は川上の考案ではなく、ヘラヘラ節の流れを引くもので東京や大阪の寄席で既に歌われていた。実際寄席でやられているのが歌舞伎年表に出てくる。川上音二郎でなくとも当時の壮士なら政治批判を入れることも不可能ではない。

いずれにせよ川上音二郎が、一八八七（M20）年二月、京都坂井座で俳優デビューしたということ、自由童子は川上以外にも多く存在していたこと、さらには俳優として舞台に立ったのは角藤定憲より早かった、ということを新たな事実として記しておきたい。

8　京都・名古屋・横浜（一八八七年〜九〇年）

オッペケペの始まりと一座の立ち上げ

京都坂井座で俳優デビューをした後、川上は神戸で舞台に出ている。柳永二郎は、川上音二郎が五月に「神戸楠公社内の戎座といふ小屋に出て居る。それは中村駒治郎、中村福丸（略）別看板で『改良　川上音治郎』と名を乗せた番附がある。（略）名前の肩に『改良演劇西洋美談、齋武義士自由の旗揚』と二行書いてあつて（略）」（『新派の六十年』）と記していた。柳が「番附」をどこから引いたかは不明。2節でフランス革命や経国美談を寄席で口演していたという川上の言を引いたが、その実際がこれで分る。駒治郎や福丸は名前から見て八犬伝やロビンソンを坂井座の舞台に上げた歌舞伎集団と同門だろう。旅興行を共にしていたと考えることも可能だ。これまで演説会の口演で具体的な演題は出てこなかったからこの番付は貴重だ。倉田本（『近代劇のあけぼの』一九八一年）の略年譜にも「神戸で改良演劇」と記されていたのを先に引いたが、倉田は柳の本から引いたと推測される。倉田は、その後も調査を続けて最新の『芝居小屋と寄席の近代』（二〇〇六年）に「明治20年」「川上音二郎のニワカ出演」の朝日新聞広告欄の写真を四枚載せている。

それによれば川上は、俳優デビュー以前の一月六日に「二〇カ《ニワカ》改良會」作者兼出席「川上音次郎」大阪の「日本橋澤ノ席」「外ニ〇カ龍玉一座」、俳優デビュー後の三月一五日に「今十五日より毎日晝だけ當境内俄席に於て從來の一座の上へ有名なる川上音次郎君を聘し新奇珍作改良二〇カ興行仕候に付當世に意を注ぐ諸君は續々御來場奉待候以上　座摩神社境内　二〇カ定席」、四月一日から一〇日まで午前午後、御霊社内尾野席主に、四月一六日から一週間昼夜神戸楠公者内戎座に出演する。そして続けて五月から柳の発見した『改良演劇西洋美談、齋武義士自由の旗揚』を口演したということになる。これと似たようなタイトル「日本魂自由簱色《にほんたましいじゆうのはたいろ》」を川上が五月に戎座で上演した、と倉田は書いて、これは検閲で「書き直しを命じられた」という。これが柳の指摘した『改良演劇西洋美談、齋武義士自由の旗揚』と同演目か否かは不明だが、仮に検閲で書き直しを要求された日本版を西洋版にしたのだとすると、筋が通るような気がする。

このあと川上が堺の卯の日座で一八九一（M24）年に「経国美談」を上演したのは、話し慣れていて舞台に上げやすかったからという経緯もわかってくる。川上は「どうして芝居をしていゝのかそれさえ分らないので、寄席へ出た頃に度々饒舌つて知つて居る『経国美談』を演る事になつて、私がペロピダスの役をする、藤澤がメルローを勧める事にして」と当時を振り返って語っている。

「齋武名士経国美談」は、矢野龍渓（文雄）の長編小説だ。矢野はギリシャ史を読んで史実を重視しながら政権争いを小説にした。前編（一八八三年三月）後編（八四年二月）ともかなりな数で売れ、それが矢野の外遊資金になったと言われている。矢野は文章の平易化を主張しこの小説をルビ付で出した。誰でもが読め、理解できたからいわゆるベストセラーになったのだろう。みんなが良く知っている内容で、平易な文章だから口の端に乗りやすい。川上が講談会や演説会で口演したのも理解できる。しかも川上は取り上げるのが早かった。政談演説をしているときから川上は時代を読む先見の明があったのである。

坂井座及び神戸戎座以降の川上の行動に関してだが、一人で一〇月二三日に南の芝居で「迷夢破覚宗教演説会」や「政談演説会」を、一〇月二五日に岩神座で「学術演説会」をやったあと、〈京都の記録〉にも〈大坂の記録〉にも登場しないが、どこかを回っていたのだろうと推測される。

井上精三と江頭光は一八八八（M21）年九月七日に博多入りしたと書く。一一日から博多金屋小路教楽舎の滑稽演説会で口演。三日目から浮世亭〇〇と名乗り、「鉄窓手枕の考へ」を話した（「福陵新報」九月一四日　未見。福陵新報は一八八七年八月に創刊され、その後九州日報になり、一九四二年に福岡日々、最後に西日本新聞になる）。この口演で川上は自身の拘引・投獄の体験を語ったのではないかと井上精三は書くが内容は不明だ［注12］。ただ、二年前（一八八六年）の朝野新聞に川上の「出獄演説会」の記事「監獄土産盗賊秘密大演説会」、「去る廿五六の両日大阪南区日本橋北詰なる沢の席に於て監獄土産盗賊秘密大演説会（略）傍聴無料（略）獄内にて聞得たる蔵切及び強盗幷に窃盗の符牒など演説したりと云ふ」（白川本一二月二八日）がある。あるいはこうしたものを口演したのかも知れない。なにしろ「六回の禁固に処せられ」た経験があるから同房の人々から仕込んだ話の種はたくさんあったはずだ。

さらに井上精三は「明治二十一年の秋」に大阪で落語家曽呂利新左衛門（桂文之助）の弟子になり、自由亭○○の名で「大坂千日前寄席井筒」に出勤、落語の最後にオッペケペを唄ったと記す。落語家の桂藤兵衛が歌っていたのを真似て、歌詞は若宮万次郎作だという。これは伊原の『新小説』の一文にあり、そこには落語家曽呂利新左衛門の弟子ではなく、「兄分弟分の約束をした」とあって、この時の川上の芸名は浮世亭○○と記していた。曽呂利新左衛門と同じ高座に上がったのは事実であったようだが、その関係や名前は曖昧だとここでは把握しておこう。

次いで井上精三は翌八九（M22）年六月にも博多金屋小路開明社で改良落語「自由壮士の行末」とオッペケペを演って、大賑わいであったという（24頁）。出典は示されていない。ここでオッペケペの登場をみていきたい。

川上は、その始まりを次のように語っている。

此の『オッペケペー』の始めは、大井憲太郎が出獄をした時の自由黨懇親會席上でやつたのです。中村座の時には政治の革命をかたちづくつた心で、後ろ鉢巻をして陣羽織を着て日の丸の軍扇を持ちました、唄の數はいろ〲ありますが、『権利幸福嫌ひな人に、自由湯をば飲せたい』など、云ふのをやりました。　（「名家眞相録」）

大阪事件で捕まった大井が大赦で出たのは、大日本帝国憲法が公布された一八八九（M22）年二月一一日だった。そして〈中村座の時〉というのは、一八九一年六月の公演だ。川上はこの時からオッペケペの扮装が記録にあるような陣羽織になったと記している。川上のオッペケペの始まりは〈大井の出獄祝い〉の時であるなら、中村座までの間にオッペケペの演じ方も歌詞も扮装も順次変化し、最後に陣羽織で完成ということなのかも知れない。これが〈真〉なら、一八八八年の千日前ではオッペケペは演っていないが、翌年六月の開明社では演っていたことになる。改良落語「自由壮士の行末」という話は大井憲太郎事件を語ったと思われる。

『近代歌舞伎年表京都編』のこの時期を見ると、二月一一日に「京都奈良大坂壮士演説会」が祇園座であり、憲法発布を記念して「芸妓の演説会」（南の演劇場）まで開かれている。さらに日出新聞の記事に「憲法発布式を祝し、京都・大坂・奈良の壮士が京都に於て大運動会を催す。（略）北の芝居なる休憩所へ入ると、茲には同劇場の持主が饗応する酒食ありて各自之を飲食し、後以前の四条磧《かわら》に出で、適宜懇親会を催すといふ。」（二月一〇日号）というのがあった。あるいはここで先に川上が触れたオッペケペが披露されたのかもしれない。そして一七日には大日本改良演劇と題して角藤定憲・横田金馬の「耐忍乃書生貞操の佳人」「勤王義談上野の曙」が北芝居で上演されたのである。

資料が少ない空白の二年間（M21～22）は、川上自身も「名家眞相録」で書いているが京阪神各地、九州各地、更には名古屋迄出かけて口演や滑稽演劇・ニ〇カ芝居をしていたのかもしれない。言えることは、オッペケペも自由党壮士の口演も、全て大井憲太郎の出所後に始まったということだ。そしてこれが演劇一座を立ち上げ芝居の世界へ本格的に踏み込む契機になったと推測している。


さて、川上はいつ演劇一座を立ち上げたのだろう。

根拠となる川上の「名家眞相録」はあまり頼りにならない。「名家眞相録」は時も場所も明らかではなく、年月にも誤りが多い。当然の事ながら過去の記憶を手繰る話は、美化や誤りも多々ある。特に年月は前後している場合もあるから注意しなければならない。初東上の開盛座公演を「明治二十年」とし、その前年に「新聞紙上で新派俳優を募集［注13］」したと川上は書く。しかし開盛座の公演は「明治二十三年」である。開盛座公演以前の「明治二十年」に俳優として舞台に上がっているから混同したとも考えられる。俳優募集が記録に残っているのは確かに〈明治二十三年の東京開盛座公演後〉であるが、これから見るように開盛座以前にも一座は既に存在していた。おそらく俳優募集を何度もしたのだろう。この発言を川上の記憶違いとみると、以下のように考えることもできる。

本格的な新派俳優募集は開盛座公演後に確かにした。しかし川上は開盛座公演以前に芝居を始めているから記録に残るような俳優募集ではなかったが、演説仲間の壮士たちを集めて一座を組んだことがある。その一座を組んだ仕事が次にあげる滑稽演劇上演ではなかったか……。

松本伸子が一八八九（M22）年六月に「大坂千日前」の劇場で「国事犯事件の滑稽演劇」をしたと記しているものだ（前掲書129頁）。大井憲太郎の出所から時間が経っていない。この作品の具体的な内容は明らかではないが、おそらく一八八五年一一月の大井憲太郎を中心とした自由党員たちの国家改革計画が発覚し、逮捕された大阪事件と恩赦の出所までの顛末を滑稽演劇・二〇カ芝居にしたのであろう。

「明治二十年」（一八八七）に俳優デビューをしたあと、いつの頃からか川上は一座を組んで社会的事件や政治的内容の芝居を舞台にあげていたのである。おそらく各地で講談・政談を口演しながら滑稽演劇も上演し、壮士上がりの素人たちで一座を組んだ。そして東を目指して歩を進めて最終的には、2節で触れた一八九〇年九月初旬の横浜蔦座公演にいたったと考えられるのである。

そこでこの時期の『近代歌舞伎年表』の「大坂・京都・名古屋編」をあたってみた。この年表は寄席を省いている地域もあるから、川上の行動の全てが把握できるわけではない。それを理解した上で見ていく。京都編には川上・藤澤・若宮・青柳の名前がでてきて彼等の俳優前の様子がわかり面白い。彼らがいつ、どのようにして川上音二郎と出会ったのかは明らかではないが、やはり彼らは京都で出会ったと考えていいのかもしれない。

憲法が発布されてから、壮士たちが次に目指すのは日本の独立・条約改正・国政選挙で、それが演説の対象になった。まず政談演説会に藤澤浅次郎の名が登場する（一八八九〈M22〉年八月三日　南演劇場）。藤澤の演題は「偶感」、他の壮士たちは条約改正に関するものだ。一一月三日にも宝塚で政談演説会を藤澤が桜井一郎等としている。若宮萬次郎も祇園座に登場（一一月一〇日）、演題は「起きよ日本人　撰挙人に一言す」だ。この年の一一月から一二月は、自由党の政談演説会が京都でしばしば開かれていた。演題は三百を超え、禁止になった弁士は二百名を超えると記録されている。

川上の名は翌、一八九〇（M23）年一月中旬に笑福亭で「時世情談」を話して登場、名前は川上一人であるが、既に前年六月には一座が出来ていたから、この時には複数で演じたと考えることも可能だ。そのあとすぐに名古屋で滑稽演劇を開場しているからだ。

以下、一八九〇（M23）年九月の横浜蔦座公演前の名古屋の状況を簡略に追ってみたい。

名古屋橘座　二月一九日から滑稽演劇。滑稽演劇という演目のみ。

お披露目の〈おねり〉をしたようで「御大将川上音二郎は異様な洋服で馬に乗り、其他のものは腕車にて小なる旗に芸人の名を記し、大旗三、四流を押し立て、ゴウ〳〵法螺を吹ならしドン〳〵太鼓を打て本社へも立寄り案内券を送りしが、演戯は頗る付の滑稽専門」と愛知新報は書く（二月二〇日）。

名古屋橘座　二月二六日から演目不詳。相当に面白かったようだ。「初日から引続き出掛ける〳〵見物が山なす」と「金城新報」にある（三月五日）。

名古屋笑福座　三月中旬から滑稽演劇オッペケペイ。「日々大評判大入りにて極く面白いそうです」と愛知日報は伝えている（三月一四日）。

京都福井座　四月一日から滑稽芝居「明治二十年国事犯の顚末」「書生の胆力」。禁止。出演者名あり、川上音次郎・若宮万次郎・青柳捨三郎。

「蛸薬師上る福井座に於て興行する川上音次郎一座の滑稽演劇は、最初二輪加・落語・手踊り等の諸芸を興行する旨を以て下京警察署へ願出で既に許可なり居りしも、同一座は全く演劇の如くにして且寓意を以て現政府の事柄及政党の成立等を講談するは治安に妨害ありと認め、一昨日同署より興行認可の取消を達したる由なり」（「京都日報」四月五日）。

届と実際の公演を変えて芝居を演っていた川上一座の現実が把捉される。これでは禁止になる筈で、それにも懲りずにあとで引くように四月一三日から出し物を替えて舞台に上げるのをみると、海外公演で客の様子をみて出し物を変更する、そんな行動はこの頃に培われたのだと思われ、興味深い。川上音二郎は根っからの芸人・興行人——演劇人であったのだ。

京都笑福亭　四月九日〜一〇日　滑稽討論会。川上・若宮・青柳。「娼妓存廃の問題を滑稽的に面白く討論する筈なり」と日出新聞に広告が出た。この時期娼妓廃止論が盛んであったから時事を取り込んだ出し物をだしたのだろう。

京都福井座　四月一三日から改良仁輪加。

演目は「春の賑ひ結婚」「三人仲間離縁咄」「二十四考四段目」「寺から里へ恋の道行」「累土橋」「廓の賑ひ」。「相変らず大景気」だと記されている（「京都日報」四月一三日）。

京都笑福亭　四月一五日〜一七日　滑稽討論会。川上・青柳・三遊亭円喬・若宮。

京都笑福亭　五月一日〜一一日（以降不明）改良仁輪加。川上自由童子、「鯉魚の活作」「英国談判委員我が廟堂大臣と激論」。一座が出たらしく「川上音次郎が出席するので昼夜大入りを占め」（「日出新聞」）、大入り満員でしかも東京から東屋小満之助（色物中の屈指の別嬪）を呼び大賑わいであった。

京都中村座　五月三一日から六月四日以降不明　藤澤の浮世演説（衆議院議員撰挙）。他に並川隆乗。藤澤の紹介は「旧活眼社員」。大評判で四日から演目替る（吉原八人斬）。

京都南の劇場　六月七日〜八日　川上・青柳・若宮が政談演説。

京都南劇場　六月一一日一二日　政談演説　青柳「外人雑居後の準備」、若宮「議員撰挙法」、川上「施政の方針を公示すべし」。若宮「英雄論」、青柳「反動力」、川上「時期既に成る矣」。

京都玉の家席　六月一四日一八日　浮世演説　藤澤・並川・文如・新吾・木喋。停止で変更して許可。

笑福亭　七月一一日　落語　川上は眼軒舎○○と名乗り登場。曽呂利らも参加。

ここで興味深い記事を見つけた。川上が師事したといわれていた曽呂利新左衛門についてである。笑福亭で慈善落語を語っていたのだ。露の五郎兵衛と出たが、寄付が集まらず銅貨ばかりで、中には小石を入れたものもあり、「実際の消費を引て一円一銭五厘」で一座はガッカリしたそうだ。この後に川上は曽呂利と寄席の舞台に上がる。

七月一一日からの笑福亭「落語《はなし》」がそれである。露の五郎兵衛・曽呂利・林家花丸・東雲舎愛民・世界亭弘道・眼軒舎○○がでた。最後の眼軒舎○○が川上である〔注14〕。これは「露の五郎兵衛が会主となり曽呂利新左衛門の一座に林家花丸を加へて尚ほまた別客として東雲舎愛民・世界亭弘道及び眼軒舎○○が出席し、明日十一日より興行する由」とある。しかも若宮や青柳も参加すると言う噂があるが見合わせたという記事もあった（日出新聞）。この記事をみると、曽呂利の一座ではなく、やはり「別客」として扱われている。曽呂利は慈善落語が失敗して、客の呼べる役者を揃えたとみていいのだろう。曽呂利の弟子になったという説はやはり〈偽〉だ。そしてこの時点では川上はまだ藤澤と共に舞台に乗っていないから〈新聞発行人を契機に二人が出会った〉という村松説は、はなはだあやしく〈偽〉であることが分かる。

この後京阪神から川上一座の名前は消える。東（小田原・横浜）へ向かったからだ。

さて、横浜公演は、記録では横浜蔦座が最初だ（一八九〇〈M23〉年九月九日）。ここで演目〈横浜で有名になっていた芸者の子殺し〉をめぐって蔦座支配人が上演中止を申し出、一悶着起こす。この作品も俄芝居のように横浜へ来て作ったものだと思われる。川上の他者と異なる面白さはこういうところ――着眼点のよさにある。しかも大騒ぎが起きても観客が味方になる。観客を巻き込んでの騒ぎは伊藤任太郎痴遊の加勢を2節で引いたとおりだ。

同様の記事で「我が作りし狂言凡ての責任は我にありて支配人の関する所にあらずと論じ（略）座長川上音次郎丈怒髪瞋目支配人を呼来れ道理を説て諭し呉れんと大音声によばはりつゝ舞台にドッカと座を占むれば（略）」（「東京朝日新聞」九月九日）と川上の様子が記述されている。いかにも芝居がかっていて、歌舞伎の世話物狂言を見るようだ。観客が面白がるのも無理もない。演説会でも問題が起こると観客が大騒ぎして川上の味方になった様子が何度も記録されていた［注15］。人を惹きつける俳優としてのオーラが既に備わっていたのかもしれない。この芝居の筋や構成に就いては記録がないが、この演目はすぐに再登場する。

川上音二郎は一八八七（M20）年二月に京都坂井座で俳優デビューをして以来、各地で政談・講談・改良仁和加などをやりながら、壮士を募り一座を立ち上げて二年後（明治二二年）の六月には千日前で社会的な問題を扱った滑稽演劇を上演していた。九〇年九月初めに横浜蔦座で滑稽演劇をするまで一年六ヶ月の間に京都・大阪から名古屋に一座で巡業に出て政談演説と称したり、改良仁輪加と称したりして社会問題や政治問題を題材にする芝居をしていたのである。横浜や東京で評判になる芝居を見せる準備は整っていた。そして東京に向かう。

注記

12) 井上精三『川上音二郎の生涯』葦書房一九八五年八月一〇日、江頭光『博多　川上音二郎』西日本新聞社一九九六年七月二一日。

13) 松本が挙げている川上の俳優募集の資格は次の通りだった。（前掲書135頁、出典は前後の脈絡から「やまと新聞」九月一四日と推測される）

一、体格五尺三寸以上耳目口鼻の位置正当にして能く舞踏し得るもの、
一、弁舌流暢にして二時間以上の演説に堪へ及び浄瑠璃清元新内節等を歌ひ得るもの、
一、学力、天文地理歴史法律政治経済論理幾何代数英語、
一、年齢、二十年以上三十五年以下、

これを見ると、旧劇の素養がある者で教養のある者を望んでいたように思われる。

14) ここで川上の口演がいかようなものであったのか、少しくみてみたい。

『川上音二郎口演　自由の妹と背』というタイトルの和綴じ本がある（演劇博物館所蔵）。これには川上の口演「自由の妹と背」（丸山平次郎速記）と曽呂利新左衛門口演「高野駕籠」（島田喜十郎速記）

が収められている。

巻頭に前者の挿絵二枚が入り、総頁数五四、川上の部分が三八頁、「明治三十一年八月五日再版／発行者鳥井正之助／発行所鳥井正英堂」とあるから、初版はこれ以前。曽呂利の口演の初めに住吉大社で話していることが伺われるから、その時の速記録だろう。

川上はこの口演で、社会改革を企てる人、女性の自由恋愛と結婚等々について語る。舞台は魯西亜、「セントペートルスボルクの金満家（日本の大阪なれば住友か鴻池）グレート」、彼の一人娘アイレンス、一六か一八の「優美と高尚とを搗き交た絶世の美人」。婿養子を探している。ある日仲人が写真を持参する。

グレートは写真をみて、

「ム、こりゃァ可い、此人を養子に為たら極く上等だ……年齢《としごろ》は二十二三だナ……フン活發な顔だ……眼光《まなこ》の鋭敏い處なぞは適れの才子らしい、（略）活發さうな顔貌《かおつき》であるから、もしや政府《おかみ》と抵抗《てきたい》の反體主義を執て居る、虚無黨仲間の者ではないかと（略）」

仲人は、フランスで法律を研究してきたものだからそんなことはないと答える。グレートは、自分は気に入ったが肝心の娘に聞いてみなければ、と仲人を返す。

ここで川上に戻り、聴衆に向け虚無党の説明が入る。

〈五、六年前に魯西亜の国王を鉄砲で撃殺し、皇太子も殺そうという計略。これは其國の政府が、人民を壓制するからで、魯西亜政府と虚無黨仲間とは〉、「全《まる》で猫と鼠の有様で、日本の大同團結や自由黨抔の比ではございません、」日本の方が怖くないという説明が入る。そして娘に写真を見せたところ娘はすっかり気に入り、「早く婚禮を爲て」と父親に迫る。

ここでまた川上に戻り、「歐洲にては自由結婚と云ふのが行はれ」日本のような「無理往生の結婚を爲」ない。ここで川上は国会も開催されたことだし、本人同士の意思を尊重して両者が好いと思う結婚をしてほしいと自由結婚を勧める。

娘の結婚が決まると、誰だかわからないが、この屋は虚無黨を婿にしようとしているという張り紙が出る。そして傍若無人な警察が踏み込む。警察批判が入る。

それでも娘は結婚、婚礼の日に二人は消える。国事犯事件のような話が続き、裁判に移ると、裁判を批判する。最後には二人は死んで、あの世で巡り合うということで終了。

日本の状況に触れながら警察の横暴や裁判の偽善などを語っていたのである。

15）川上音二郎の演説中、加納亀太郎・徳田松次郎・中司新平・小野啓二・沢辺登等が川上に質問のため、席をたつたところ、「俄に鼎の沸く如く千有余人の聴衆が一斉に起上り、今の奴は皆耶蘇教徒なり、仏教演説を妨害すものなりと、口々にいひながら動揺めき騒ぎ、耶蘇教を殴け、殺せと叫び立ち」（「大阪朝日新聞」一八八四年九月四日）という記録が『近代歌舞伎年表』にある。これは九月一、二日に道場芝居で行われた仏教演説会でのことであった。

9　音二郎、東京で公演する（一八九〇年）
川上の口演と「板垣君遭難実記」

川上の初東上は一八九〇（M23）年九月とされている。麻布森元町（現在の東麻布一、二丁目あたり）開盛座である。これは明治一二、三年ごろに東京に何軒かできた小芝居の劇場の一つで、大劇場で公演する大芝居の歌舞伎に比して差別的に緞帳芝居と称される芝居をする場であった。つまり「大劇場とははっきり区別され、廻り舞台、花道、引幕等を使ふことが出来なかった」劇場で、「このやうな、所謂緞帳芝居の一群の中に麻布三座と呼ばれる、森元座、開盛座、高砂座があった」と阿部優蔵は記している（『東京の小芝居』演劇出版社一九七〇年一一月）。

川上のお目見えは、当然のことながら小芝居の劇場（芝居小屋）からの出発だ。どこにでもある小芝居の小屋は、大衆にもっとも愛された劇場で多くの人々が気軽に足を運んだ。川上たちの書生芝居も大衆に好まれることで以後、拡がっていくのである。

ここでの宣伝方法は変わっていた。相撲の興行のように太鼓を叩いて街中を触れ歩いたのだ。名古屋の橘座でもやっていたようだが、相撲が来たのかと人々は驚く。「相撲のしらせよと驚いて窓を開けば是れなん名も川上の音高き書生芝居の行列なりけり（略）座長川上は紺ガスリ紺足袋鳥打帽しの壮士打扮にて白の毛皮置きたる車に打乗り」（「国民新聞」九月一二日）と報じられた。川上も相撲に間違えられた滑稽があったと後日語っている。横浜の騒動が新聞で記事にされた後であるから、前宣伝は効いていた。九月一二日から三〇日まで続いた公演である。

白川は、「上演略年表」で「この興行は失敗であったらしい。」と記したがこれは誤りである。白川は出典をあげていないが、柳永二郎が全文を引いた伊原青々園の金泉丑太郎興行記の注釈に「この興行は失敗に終つて、水戸へ乗込んだ」という一文がある［注16］。注に記したように事実確認をしない伊原の注釈は個人的見解が入っている。伊原の誤りを白川は踏襲した。

それは松本伸子が大入りを報じる「やまと新聞」を引いているからだ。「初日より客足よく昨日も立錐の地なきまでに詰め込みしが、累の土手場、安達の雪降り、松田の芸者裁判ニ幕、大坂国事犯顛末の序幕を演じ了りし時其筋より停止を命ぜられし旨を会主川上音次郎氏が聴衆に報ずるやノーノーの声四方に起こりしが会主が縷々の陳述により先づ事なく見物は退散したり」（「やまと新聞」九月一四日）がそれだ。

「松田の芸者裁判」は横浜蔦座で支配人に中止を要求された演目で、「松田道之名誉裁判」が正式演題である。新しく登場した近代国家の法律・裁判が大衆の興味や話題の種であったことが理解される。松本伸子は、事前に川上音二郎が出した広告の一文［注17］を引いて松田の裁判や国事犯の演目は「題名からいってあまり子供や女性向きとは思われない」と記した。が、川上は新しい時代の最先端で焦点になっているものを演じて興味を引きつけるのは勿論、観客を開明的にする、もう少し言えば教育するそんな思考をも持っていたように感じられる。これが旧派の俳優たちと異なる視点で、この後の川上の歩みで明らかになるだろう。

そして一年前に大阪で演じた「国事犯」が再度登場している。川上が「名家眞相録」で「此時の狂言は大井憲太郎國事犯事件を脚色んで開場する」と語っていたものだ。

先にも触れたが、国事犯事件は、まず朝鮮に政変を起こしてそこから日本へ向かい、改革を生み出そうという大井憲太郎を中心とした計画だった。が、実行前に洩れ、捕まる。これが景山英子(福田)や元自由党員が参加した大阪事件(一八八五年一一月)と言われるものである。英子の『妾の半生涯』(岩波文庫一九八三年一〇月、初版一九〇四年)に「獄中述懐」があって大阪未決監獄に入れられた様子が知れる。英子は一九歳だった。彼等は爆弾を作り、資金作りのために強盗もやった。芝居にするには材料が多すぎるくらいだ。

開幕早々の「やまと新聞」に「大坂国事犯顛末の序幕を演じ了りし時其筋より停止を命ぜられし旨」とあるから五年前の大阪事件を扱った演目が序幕のみの上演で禁止の対象になったことが分る。

川上は「蓋を開けて見ると世間の人気に叶つて大入りを取つた、しかし警視庁から再三差止められたのを、少しづゝ直しては又開けたので、斯んな事が評判になつて、此興行は殆んど二週間計り売切りましたが、しまひには警官が出張して見物を追出して解散を命じられたのです」と言う。国民新聞には〈九月三〇日に開盛座を打ち上げた〉と記録されている。演者と警察の追いつ追われつの公演は、劇場全体が芝居になり、人気が出る。権力の禁止（弾圧）が客を呼ぶのである。半月以上も興行できたのだから「失敗に終」った筈はない。これまで見てきたように伊原青々園にも筆の走るときがあったのだ。舞台を観ていない批評は怖い。これは過去を研究するもの全てに言えることで歴史を記述することの恐ろしさを感じざるを得ない。

このあと［注16］で引いたように水戸へ巡演、ここでも騒動がおきた。つまりこの時期は、権力も演者も観客も三者が自己の主張を軽快に遠慮なくしていたという事なのだと思われる。明治の大日本帝国憲法発布（明治二二年二月一一日）から一年半、浸透は緩やかで世俗は〈公〉にまだまだ屈せず破天荒な時間が生きていたのである。

翌一八九一（M24）年一月には京都へ戻り、白川本で引かれている五大洲演芸会に出る。これも一座で出ている。外国人名の俳優――登場人物（日本人・川上音次郎丈、英國人・ハーケット丈、米國人・ジョージ丈、佛國人・ピヤース丈、印度人・マーブル丈、阿弗利加人・シーバン丈、米利堅人・ギリーク丈）が上っているが、一座の誰がどのように演じたのか、赤毛の鬘などを使用したのか否か興味深いものがある。

さて、演目を変えて新俳優を採用し、本格的な演劇集団として再登場するのは、一八九一（M24）年二月の堺卯の日座公演である。金泉丑太郎日記に、二月五日「初日、堺宿院卯の日座に於て」、「同十一日　打揚」とあるのがそれだ。「経国美談　斎武義士自由の旗挙　八幕」「板垣君遭難実記」（二月五日～一一日、堺市宿院卯の日座）の二演目を舞台に上げた。「川上の旗挙興行」と題して次のような一文が大阪朝日新聞に載る。

●改良演劇　堺市卯の日座に於て例の川上音次郎の一座に東京の新顔書生俳優が十餘名加り矢野文雄氏著述の經國美談を齋武義士自由旗擧と題し八幕の演劇に仕組み今四日午後四時より開場し凡そ一週間の見込にて興行する筈なりと（二月四日）

政談演説で度々話していた「経国美談」が芝居になった。青柳や若宮に加えて、藤澤も参加する。これまで何度も引いた金泉丑太郎は、この公演から川上一座と関わり興行日記を付けていく。柳永二郎が持っている金泉の興行日記や回顧録に触れた「金泉丑太郎の興行控」（『新派の六十年』所収）によると、川上より七、八歳年上で大阪新町の天満屋という酒屋の息子で中村天丸と名乗り歌舞伎の素人芝居で地方巡業をしていた。曽呂利新左衛門が金泉と同じ新町生まれで、その紹介で川上に会い、片腕になったという。卯の日座公演で川上・青柳・藤澤・金泉の四人が揃うのである。

伊原青々園の注釈では、卯の日座の座主から百円の前金を受け取り金泉に「五十圓で一座の役者と、衣裳、小切れ、鬘、床山、囃、義太夫、脚本なぞ一切の買入を頼んだ」とある。金泉は旧派の役者を集めてきたらしい。大阪朝日新聞には〈改良演劇　川上音二郎外　関東新俳優一座〉の広告が載った。

川上は「道具は素より衣裳小道具一切有り物で間に合せて、いよ〳〵初日を開けて見ると、思ひの外に見物は来たのです、（略）肝腎の芝居はどうかと云ふのに、ぶつきら棒な書生が出て來ては、ヘチむづかしい事許り言つて居るのだから一般のお客には分らない、（略）チットでも面白そうな道理がない、（略）お客が怒つて了つて、銭を返せと云ふ事になつた、（略）書生役者の方も負けては居ない（略）お客を捉へて談判が始まる（略）結局それでは得意の演説をしやうとなつて、道具立を片付けて了つて演説で打出した事があつた」と語る。まだまだ政談演説が抜けない、〈書生らしさ〉あふれる公演であったようだ。

二月一六日「大坂出立、其夜西京より十二時五分の汽車にて」（金泉日記）堺から東上、十七日に横浜着。翌日、川上と金泉は東京へ行き、十九日に戻る。先（7節）に挙げた伊臣の推測文（寄席の自由童子）は、この時だ。

横浜蔦座で二月二六日から三月一五日まで、「経国美談」を上演。「大切オッペケペー」と金泉は記録している。「好景気」で「座頭川上音次郎氏が新作」「書生芝居のオッペケ節」が披露されたと讀賣新聞が報じている。

若宮万次郎が「経国美談」で「治安に妨害あるセリフ」を吐いたということで興行は中止をくらい（三月六日）、二日後に川上は板垣退助の岐阜事件を出す。「板垣君岐阜遭難実記」（大序より大切まで）だ。これは白川によれば、堺の卯の日座でも名が出ていた演目だった。この芝居は自由民権運動を推進していた板垣退助が一八八二年に岐阜遊説中暴漢に襲われ怪我をした事件を題材にしたものであった。有名な「吾死スルトモ自由ハ死セン」と言った事件で、この言説は巷間では〈板垣死すとも自由は死せず〉として流布された。

「板垣君遭難実記」の抜書きが演劇博物館に所蔵されている。使用年月は明らかではないが、和装本「中教院玄関の場」七枚で、登場人物は板垣退助・内藤魯一・中島信行・城山静一・相原尚褧・その他巡査や警備などの名が出ている。横浜に続く横須賀立花座公演では、場割が残っている。「序宿屋庭より相原内、二幕目岐阜懇親会の場、三幕目勅使の場、四幕目裁判、五幕目未決監獄の場」(白川本「上演略年表」)だ。「板垣君遭難実記」はこの後、度々川上音二郎一座の舞台にあがる。次章で触れる中村座公演が一座の注目度を上げるのである。

この後小田原・横須賀と巡演する内に幾つかの演目が増加していく。「西郷隆盛誉勢力」「島田一郎梅雨日記」「蜃気楼将来の日本」「五大洲」「山田亀二郎」等々や「娼妓存廃論」がそれで、大衆が興味を引きそうな社会的事件や問題を取り上げてレパートリーをふやしていく様子がわかる。

しかし相変らず問題も起っていて白川本の「上演略年表」に記されたように、小田原公演では観客と悶着を起こしたり警官と争い官吏侮辱罪で拘引されたり、それが裁判沙汰にもなった。そうしたいかにも明治期らしい争いもあったが、この時から川上音二郎とその一座は、〈明治〉に生れた新しい演劇――新演劇を観客に提供すべく、未来を目指して帆をあげたといっていい。演目のタイトルを見る限りいかにも旧劇的だ。改良演劇を目指して川上たちがこれをどのように乗り越えるか、そしてそれに彼等がどの位自覚的になるか、今後の問題は上演作品の内容と舞台の出来ということになると思われる。

いよいよ本格的な芝居になっていく。これについては次章で触れたい。

注記

16）伊原青々園の註釋「座員は例の茶楽茶好といふ俄師や落語家で、まだ壮士芝居とはいへない「書生にわか」といつた俄芝居であつたが、當時東京ではまだ今日の如く大阪俄の趣味を解さない時代であつたから、この興行は失敗に終つて、水戸へ乗込んだ。ところが水戸で興行するうち一座の若宮萬次郎が官吏侮辱で拘引になつたので、それを残して川上は一座と共に再び上方へ帰つたのである。」（柳永二郎『新派の六十年』86頁　河出書房一九四八年一一月、これは『新小説』連載の一文）。

柳は金泉の興行日記や手記などを四〇数冊所有しているという。ただしそれを読解するのは大変なので、伊原の註釈を引いたと記している。伊原は川上やその他の人々から聞いた話をもとにして註釈を記したらしい。つまりこの註釈には、伊原の個人的見解が入っているとみていいだろう。金泉の日記や手記が現在どこにあるのか、気になる。

17）川上が各新聞に出した広告は、「本月十一日より麻布森元町開盛座に於て開演する書生芝居は高尚洒落にして周密美妙なる寓意は或る部分を諷刺し児童の智を研き婦女の蒙を訓へ以て社会の進歩を計り国民の元気を養ふ仕組なれば老少男女の差別なく速に来て看一看し該言の虚ならざるを知れ」というもの。松本伸子『明治演劇論史』（131～132頁）より引用。

第二章

中村座の大成功・巴里・日清戦争

音二郎と貞奴、結婚記念か…。
川上初・新一郎提供
資料撮影：坂本麻衣

1　中村座公演　一八九一年六月

一八九一（M24）年六月二〇日、浅草鳥越の中村座（座主中村勘三郎）の櫓に川上音二郎の幟が揚がる。七月六日まで中止にあいながらも上演。中村座では七月、九月、一〇月、と作品を替えながらこの後公演を続ける。

伊原青々園の「新俳優と警察」（『新小説』六月号）によれば、「小田原に居た時から中村座の話はあツた」という。つまり川上は巡演しながら、次の公演場所を探して行動していたということだ。川上を「鳥越の中村座へ紹介したのは今の福井茂兵衛」だった。福井は、浅草生まれで、川上の「東京進出を興行面で助け、明治二五年（一八九二）役者として初舞台をふんだ」（執筆者不詳『日本芸能人名事典』三省堂一九九五年）俳優で、翌年一座を組織し、のちに京阪で活躍し、松竹合名会社と契約した新派俳優でもある。

柳永二郎によれば、当時中村座は酷い窮状で芝居茶屋が金を出し合い書生芝居を呼ぶことにしたという。その芝居茶屋の一軒丸鐵が福井茂兵衛の実家だったことから川上を呼び、福井も一座に加わることになった（柳本135頁）。

初日の様子はほとんどの新聞が取り上げた。読売新聞は、次のように伝えている。

中村座の書生演劇川上音次郎氏の一座は一昨日二十日午前十時より開場せしが同日は何処でも一人前五銭と云ふ木戸なれば曇天にも拘らず早朝より非常の大入りなりし堵て出幕は二幕目岐阜玉井屋の場、同じく奥座敷の場、田代村相原住家の場、三幕目岐阜中教院玄関の場（板垣君遭難の場）、四幕目勅使到着の場、大詰相原公判の場と中幕未決監獄署等五幕を演じたり

（「書生演劇初日の景況」六月二二日）

「未決監獄署」は川上の投獄経験から作った芝居で「監獄写真鏡」だと思われる。これも講談で演じていたものだ。

「板垣君遭難実記」で、板垣退助（青柳捨三郎）が相原尚褧《しょうけい》（川上音二郎）に刺されるところで警官（静間小次郎）が出ると、本物の警官が中止を叫んでいるのかと中村座主中村勘三郎の弟栄蔵は驚いて花道の途中まで駆け出したらしい。川上の芝居は警官に「中止」されることが多かったからだ。この逸話は、彼らの芝居がそれほど〈実か虚か〉わからぬほどに実際の大衆の生活に密着し、それを写していたことになる。川上の相原は板垣を刺して、「縄を掛けるまでの立廻りは少しも演劇《しばゐ》っ気なしにて已に此日相原の川上は眼くるめき微傷をも負はれたりとか愉快愉快。」（やまと新聞六月二三日）とそのリアルさを持てはやされる。さらにまた「此の演劇《しばゐ》は俳優の身上を極る事なく自ら書て自ら演る、先づ初日を出して後ち今度は誰が出来が宜

誰は不出来だと実地を見て身上の高低を付ける、此一事にても公平を保つといふ事は明かなれば梨園社会に行はれるといふ弊といふもの更になし」と旧派の世界と比較されて良しとされる。しかも舞台上に黒衣《くろご》を着た者がいないことや俳優たちが理屈が分かるから台詞が「差支なく」快いと褒める。旧派の俳優たちがセリフを覚えないことを暗に批判していた。

同様の劇評は、「梨園社会に於ける陳腐の垢を川上の水に洗ひ流し開けたる世の新演劇を組織したりなどゝは些と大き過ぎた言分肝太き」と思って出かけてみたら、「書生諸子が腕前には誠に〳〵感服し実に驚き入たるお手際なり殊に関心なるは別に是ぞといへる作者もなければ何事も皆な自作自演なりといふ事又長々しき漢語交の台詞を一座誰彼と云はず滔々水の流るゝ如く弁ずるが如きはこれ書生得意の長技にして此の一段に限りては従来の俳優等が決して足元へも寄付けざる処なり（略）之れぞ真の活歴と唱ふべきものなり」（読売新聞六月二三日）とある。寄席で丁々発止と政談演説や講談・滑稽演説をしていたことが功を奏したのだ。

幡随院長兵衛殺害の場と比較して川上の相原を「動作挙止活劇中の活劇」（東京日日新聞六月二三日）と褒める評もあった。歌舞伎の活歴が〈真の活歴とはならず随分出精に修業されなば遂に此の川上流までには達すべき前途なり〉と言い、歌舞伎が現代の状況についていくのはかなり大変であることを告げ、将来的に現代風俗を写す劇にはなかなかなり得ない状況を指摘しているといっていい。

他方で川上たちが「実地活歴より始めたるに之れでは余り興味薄しとてか少し芝居心を出し

変な歌を唄ひ妙な踊を交ゆるなど追々修業して終に芝居の方に近寄らんとするものにして……」と、「板垣君遭難実記」の他にオッペケペをやり、そのあとに旧派の「清元出語」をだした川上たちを批判している。清元出語は「演劇の趣意に適はず是にて折角の見識を下げられしやうに見受けたり残念〳〵（白川本「歌舞伎新報」一二六一号）と批判されてもいた。つまり現代的な芝居は〈真の活歴〉だが、旧派の芸はダメだといわれたのである。出発点で川上たちの進む道がこれらの批評で指摘されたと考えていい。これを川上がどのように受け取ったかが今後の問題になる。

とにもかくにも大入りが続き、中村座は息を吹き返し、七月には、口絵に載せた錦絵「中村座大当　書生演劇」が出た。陣羽織を着て軍扇を持ち鉢巻姿の音二郎の「オッペケペー」が絵になった（福岡市博物館蔵）。おなじように「川上新作オッペケペー歌入双六」（早稲田大学坪内博士記念演劇博物館所蔵）も出た。〈川上演説〉が振り出しで、〈人力車〉〈高帽子〉〈芝居〉〈ゆかい〉〈待ちあい〉〈日本国〉〈大砲〉〈英語〉などがあり、〈オッペケペー〉で上がる（15頁掲載）。

ここで記録に現れている中村座の公演の演目をみてみよう。初日二〇日からは、「板垣君遭難実記」（五幕）①、「監獄写真鏡」①、「勧懲美談児手拍《うらおもてこのてがしは》」②で、大切に「花廓噂存廃」（娼妓存廃論）。川上の口演とオッペケペ節。清元出語り。これは演者不詳だが、東京日日新聞に「川上音二郎丈独得の演説と巧妙なるオッペケペー及清元の弾語り等ありしが何もアッと感服する程にて実に近来の見物なり」（六月二四日）とあるから、川上が演じたのかもしれない。金泉丑太郎も「板垣君遭難実記」で勅使西四辻の役がついている。

「板垣君遭難実記」は、先にも触れた実際の事件を芝居にしている。①の「監獄写真鏡」（川上の投獄体験からの話）と②の「勧懲美談児手拍」は、交互に上演されたか、あるいは②に関する批評のないことから、予告はされたが舞台に上がらなかったのかもしれない。②は新聞に事前に公開された筋書では旧劇風の人情を軸にしたものだが、登場人物が書生たちで彼らの学業と留学に関する愛憎を描いた作で卒業後の「旧友懇親会」でその憎しみが解けるという話だったらしい。「花廓噂存廃」（娼妓存廃論）は、登場人物がすべて女性で川上はじめ俳優たちが女になり、壮士風に演説をするという笑いを呼ぶ茶番劇であったようだ。これも「監獄写真鏡」同様かつて口演されたものだ。

多くの新聞評は白川本や松本伸子本に引かれているが、その中で興味深い一文は久保田彦作のものだ。久保田は川上たちの芝居を、江戸末期に訪れた米国船にたとえ「川上一座といふ外国人が大阪へ改良芝居といふものを起され升た」と書いた（『歌舞伎新報』一二六八号七月二四日）。これは旧派の歌舞伎では改良芝居は不可能で、新しく起こった新演劇がそれを可能にするという論であった。演劇改良が叫ばれてから五年、評者の側にも改良が問題意識として明確になっていたということだろう。それは旧派の歌舞伎界では、演劇の改良は不可能であることを知ったからでもある。

これらの批評は、旧派の歌舞伎と新演劇の未来を指摘しているようで非常に興味深い。川上たちは、現実社会を写す新しい芝居を見せるという事と、旧派の芝居表現をそこにどのように取り込むか、そのはざまで思いあぐねていたのだろう。同時に評者たちも、新演劇を旧派の歌舞伎を見る視点を超えたところで評価する者とそうでない者とがいて、評者たちはこの後も迷いながら進むことになる。大入りではあったが、これは川上にとって手放しで喜べない難しい状況であった。

松本伸子は、川上音二郎が中村座で六月から一〇月まで、二の替り、三の替りと演目をかえて公演できたことについて次のような推論を立てている。旧派の歌舞伎役者たちとも既存の壮士集団とも異なる印象を与えるべく努力をしたという指摘だ。それは〈宣伝〉であった。「川上の品行に関する一連の報道を通じて、従来の歌舞伎役者とも違うが粗暴な壮士くずれでもない、一人の真面目な男のイメージを作り、そういう事に神経過敏な或る種の人々の共感を得ることも策したのではないか」といい、その例として小田原の興行中、川上に手紙を送った女たちが多かったが、見向きもせず、巡演する川上を追いかけてきて金品を送ってきた女たちの場合は、夫や親に知らせる。その行為には、川上に好意的なコメントが新聞に載る。福岡から両親を呼び寄せ舞台を見せ、両親に「ダイヤ入り純金腕輪を注文（天賞堂）」し、「養育院に入ることの出来ない貧民のために」百円を府庁に寄付、「中村座の好況を招いたのは音羽屋一門の総見」のおかげだと「菊五郎に引幕を贈った」などなど、「開化者流の人にも人情に脆い江戸っ子にも向くようなエピソードが紹介され」て、世間が持っていた役者に対する「拒絶反応のようなもの」を取り去ることをした。川上の行動は新聞紙上をにぎわしたから、それらは全て東京進出と今後の事を考えてだという松本説は、的を射ているように思える。

新しい時代を生きるために川上は新聞という近代社会最大の武器を使い、自らが広告塔になって宣伝をしていたのだ。まさに近代人川上音二郎といっていいだろう。これは生涯を貫く川上の生きる姿勢であったように思われる。それが度を過ぎると〈法螺〉になり、〈真と偽〉を曖昧にした。結果、川上のやり方は〈好意的〉に取られたり〈否定的〉に取られたりするが、旧派の演劇界が根強い力を持っていた明治近代社会で十全に開花して生きるには、これは必然であったのだろう。もちろん記事に取り上げる側も川上の舞台にこれまでの旧派の芝居にない何かを、感じとっていたから可能であったのはいうまでもない。

そうであるなら、金泉の日記から寄席でオッペケペを唄い、「小遣い稼ぎをしていた自由童子」という伊臣や柳の推測は、ますます外れる。そして『新小説』で伊原青々園が語った話、巡業に出ている川上の留守に元芸者の君代という妻が役者と浮気をし、川上はそれを許さず離縁したという逸話も、川上の潔癖な心意気を見せる見事な行動に読者には写るのである。

2　中村座の二の替り・三の替り

さて、二の替りは七月一六日から八月一四日、「島田一郎五月雨日記」（六幕）、「経国美談正義凱《かちどき》」（三幕）を舞台に挙げるつもりでいた。ところが「島田一郎五月雨日記」の上演許可が下りなかった。そこで川上は演劇改良論者である依田学海（川尻宝岑《ほうきん》と合作）の「拾遺後日連枝楠」（一八八九〈M22〉年）を上演することを考える。

依田の「書生演劇座長川上音二郎との対話」（『読売新聞』七月一九日附録、白川本）によると、六月の中村座公演を観て「その伎芸の妙は名ある俳優といへども及ばざる処あるに感じたりされども心にかなわぬ節々も少なからねば」と思い、手紙を川上に送った。しかし川上からは何の返事もなかったから「世の俳優と同じくさまでに心あるものならじ」と思っていたら、川上が作品の上演を頼みに青柳捨三郎・木村周平と訪れたという。

訪問した川上に依田は、市川団十郎が自作の「文覚上人勧進帳」を上演した時、戯曲をいじって「大に精神を失ひしことあれば」、上演するならば原作重視だと主張し、ついで女形廃止・男女混合演劇を勧めた。江戸期以来禁止されていた男女混合演劇は、劇場取締規則が改められて（M23）、「男女俳優混合にて」の興行が認められていたのである。川上は女優採用・男女混合についてはは同意をしなかったが、原作重視は約束する。「旧来の門閥ややうやく破れて新俳優《やくしゃ》まさに舞台に現れんとす卿等その人なり一蹶して旧俳優の爲にその拙を笑はしむること勿れ」と依田は励ました。

これを受けてか、川上は「川上一座の制法」を読売新聞に出す（七月二〇日）。

第一条　我が一座は主義目的を貫徹するを以て新演劇の本旨とす依て普通演劇の弊害を矯正し専ら活劇を旨とすべし　**第二条**　座員は品行を方正にし礼譲信義を専一となし社会教育の先導者を以て任ずべき事　**第三条**　座員は制法並に規約を遵守すべく且つ他人に向て遜譲を以て接すべき事　但し制法並規約に違背したるものは其行為の軽重に因り座長之を処分する事（略）　**第八条**　本座員は義侠を重ずるの集合体なるを以て国事の爲不幸に遇ひたる人又は貧民救助等の爲には積立金より相当の義損を為すべし（略）

旧派の俳優や芝居に付与されていた負の側面を払拭すべく〈品行方正・礼譲信義・社会教育の先導者・貧民救済の寄付〉などを目標にした。先に触れた川上の新聞紙上の宣伝的行為を一座全員に課し、かつ維新後の改革で俳優の身分は江戸期と大きく変わったとはいえ、巷間では相変わらず〈河原乞食〉と蔑まれていたから、そうした風潮への狼煙を上げたともいえる。

上演を見てみよう。

改良論者依田学海の「拾遺後日連枝楠」は、楠正成の後裔正儀《まさのり》を親の仇と狙う阿王丸（川上）が、正儀の自分に対する好意に恩義を感じて最後には敵討ちを止め、出家して「南北両朝の将卒等討死ありし人々の後世を弔ひ申すべし」と、目出度く終わる話である。

上演後の批評は好評だった。一番目は日本の歴史劇、二番目はギリシャの歴史劇（地頭《ぢあたま》で演じた）ということで目先が変わり観客は大喜びしたのだろう。

「拾遺後日連枝楠」は「大物故チト壮士俳優には」無理だろうと言われたが、「洋杖と麦藁帽子で世を渡り来たりし連中が檜舞台にチョボを使ってアレ丈けのことをヤッて退けるかと思へば只々感服の外なし。」（東京日日新聞八月四日）

「藤澤壮士（浅次郎）腰元千代野の役は一番目出っ張りのお勤め車輪で芝居を仕て居られるは神妙神妙。（略）川上壮士阿王丸改め和田小次郎、正寛後ち正寛法師の役は外の人には一切無頓着でサラサラッと遣って居られるは豪気なもの」（やまと新聞八月五日）等々の批評が出た。

川上は「サラサラッと遣って居られる」と評された如く、どこまでも今風の写実——自然らしさを狙ったようだ。それに対して旧派出身の俳優たちの演技は違っていた。のちに彼らは一座を〈首になる〉。わたくしたちには川上の目指していた舞台がどういうものなのか、段々明らかになるのである。同時に舞台を見る評者の基準が、旧派の歌舞伎に置かれているのもわかるから、この後批評の基準がどのように変わるのかもみていかなければならない。

今一つ、歌舞伎に基準を置いている岡本綺堂の劇評（『明治の演劇』）をみてみたい。『明治ののである［注1］。しばしば演劇関係以外の研究者の本に引かれているが注意しなければならない本なのである［注1］。

岡本は一八七二年生まれだから、この時二十歳そこそこである。東京日日新聞に勤務していた。この舞台で初めて川上一座をみた。しかしここに引く一文は同時代の上演時のものではなく、松井須磨子のカチューシャの歌（一九一四年帝劇初演「復活」の劇中歌）なども出てくるから、［注1］に記したように川上の死後（一九一一年一一月一一日没）に思い出して書かれたものである。所収本には各文章の執筆年の記載はない。

岡本は川上の委嘱で二世左団次に「維新前夜」（一九〇八年）を書いて、その後の新歌舞伎戯曲への道が出来たと言われている。「川上のオッペケペ節」の中で次のようにいう。

楠が青柳、熊王が川上、侍女千代野が藤澤といふ役割であつたが、（略）私は一種の興味を以て招待の桟敷から覗いてゐた。（略）併し舞臺の上の成績は豫想以上であつた。（略）壯士と名の附いてゐる俳優達が所謂チョボに乘つて芝居をする——それが左のみ可笑いとも思はれないばかりか、辨の内侍と千代野との別れなどは、チョボを十分に使つて一部の觀客を泣かせたのである。わたしも流石に偉いと思つた。素人の彼等がこれほどに遣りこなすのは並大抵のことではあるまいと思つた。

岡本は、歌舞伎の改良のために書かれた脚本を素人が実によくやっているというところを言いたかったようだ。同時に彼はオッペケペが嫌いであったのだろう。川上のオッペケペの歌詞には様々あり、いずれも改革が前提であった。年齢が若い割に意識は旧弊だったと思われる。これに続く文章で幕間にでた川上のオッペケペに「眉を顰めた（略）普通の好劇家はやはりオツペケペ芝居として彼を侮辱していた。」と記している。岡本のような歌舞伎愛好家には川上が「非凡の辣腕家で、一面その人氣取りに抜目なく働いた」壮士俳優という固定観念で写っていのだろう。川上の始めたオッペケペを、川上がやらなくなって新しい演劇を提供しても、終生川上に纏わりついて蔑視され揶揄されていたのは、舞台を旧弊な評価で判断するこうした批評がのちのちまで続いて登場していたせいであると推測される。初めは世に出るための新しい流行造り、その後は宣伝効果で演じていたものが、後には仇になり反旗を翻されたようで皮肉である。川上にとっては何とも気の毒な話と言わなければならない。

さて、この芝居は史実（楠正成の一族）に即した「活歴」「改良芝居」と呼んでいいのだろう。後醍醐天皇の時代に南朝方だった楠正成は、死後室町期には逆賊と否定され、新田義貞の末裔と称した徳川家康の江戸期には復権する。北朝方の天皇を掲げる明治政府は、正成の位置づけに困ったらしいが忠臣として復権させる。この処遇は南北の争い（南北朝正閏論）を止めさせる為であったともいわれている。そして「太平記」で知られる正成・正行親子別れの場（桜井の別れ）が修身の教科書に登場する。よく知られる皇居外苑にある銅像が建てられたのはこの上演よりあとだが〈M30〉、楠正成は〈皇国史観〉の下〈忠臣の鑑〉になるのである。そういう明治政府の思惑をくみ取った芝居と見なければならない。

終幕に「王家へ盡す忠信の／美名を残す」などというセリフのあるこの作品の、底に流れる思想はやはり旧幣で、むしろ維新後の黙阿弥作「霜夜鐘十字辻筮」（一八七九年）のほうが新しい世の動きを取り入れていて芝居として面白い。

内容はいかにも古く、自由民権を口演していた川上が取り上げるような内容ではない。これを川上が取り上げたのは、依田学海という明治の知識人の〈改良・活歴〉であったこと、明治政府が楠正成に忠臣として光を当てていたことにあると思われる。川上は政府要人〈同郷の金子堅太郎か…〉に近づく用意をしていたのかもしれない。あるいは既に葭町芸者奴と知り合い、政府要人と面識のある新演劇俳優になっていたのかもしれない。新演劇を生み出そうという俳優川上音二郎の野望をここに見ることができようか……。

この公演は日延べの予定があったが旧盆中に終わりになる。残暑があまりに「強ければ是にて一先ず千秋楽」という一文が新聞に載る。そして八月二五日に川上は新俳優募集の広告を出す。壮士俳優志願者の手紙が公演中に殺到していたからだ。しかし実際に募集をして集まった多くの人々の中で採用できそうな逸材はいなかった。

さて、中村座三の替り。当初の新聞記事では「忠臣蔵」と「江藤新平」の名が挙がっていたのだが、最終的には久保田彦作の「佐賀暴動記」（赤本「佐賀の夜嵐」夢外居士作を脚色）に決まる。新聞記事には種々理由が挙げられている。同じ頃市村座で菊五郎が「忠臣蔵」を舞台に上げる予定があったからそれで「忠臣蔵」の名前が出たのかもしれない。しかし旧派の名作「忠臣蔵」より、新しい改良脚本を選んだのは、川上に「活歴」重視で生きる決意がうかがわれて興味深い。これも錦絵がある。「川上一座新演劇　佐賀暴動記」「斎藤金次親子別れの場」（福岡市博物館蔵）だ。

中央新聞に発表された「佐賀暴動記」の役割をみると、江藤新平が青柳捨三郎、斎藤金次と士族渡辺進が川上で、木村周平、藤澤浅二郎、金泉丑太郎、静間小次郎、中村幸次郎、小織桂一郎などの名前がある（九月一八日）。そして二二日に初日の広告が読売新聞に出て、一〇月一八日まで公演した。読売新聞に「中村座の賣切れ」や、団体客の連中「初音連」（三〇〇人）「吉原連」「魚河岸連」などなど、多くの観客・団体客が押し寄せた記事がある。松本伸子は、この公演に「景山英子が生徒七十名連れて観劇」「土方宮内大臣、池田侯爵、橋本軍医総監」「上流階級の婦人の客」「伊達伯爵と共に有栖川宮が来場」と書いている（資料不詳）。要するに中村座川上の改良演劇は注目の的になっていたのである。川上の同郷金子堅太郎と面識を得たのも中村座の長い公演の時期であったと思われる。それは金子の支援を得て川上の渡欧予定を告げる新聞記事が翌年出るからだ（後述、中央新聞一月一二日）。

「今度の狂言《だしもの》は此前の世界（依田作品…井上注）に一転して壮士本色の「佐賀暴動記」筆執は

有名黒人《くろうと》の由なれば舞台も野暮で無く演劇らしくて好し、併し記者は此演劇らしきより演劇らしく無い方に賛成で（略…演劇らしいものなら旧派に行く…井上注）書生演劇を拝見に参るのは其演劇らしく無い所に妙味があってエイエイ詰掛るやつでごッすテ。」（やまと新聞九月二七日）

これまでの芝居らしく無いところが川上〈書生演劇〉の人気であることが、この記事でわかる。同時代人にはそれが新しかったのだ。おそらくそれは〈自然らしさ〉と無関係ではないだろう。

「佐賀暴動記」（『歌舞伎新報』連載）序幕は上野公園の桜の花見、それに続いて書生の争論があり、二幕で小六別離の場、三幕で佐賀檄文朗読の場、次いで宇和島へ飛び、斎藤金次と母（金泉）の場へ移り、母は金次が佐賀暴徒に加担したからと勘当を言い渡し、大切で金次の自殺の場があり、江藤が警察の手で捉えられたという伝聞を漁師が告げて幕。書生芝居の呼び物の論争・勘当という愁嘆場・殺人・自殺などが取り入れられ、政府の正当性も書き込まれていた。旧派の歌舞伎で取り上げられる愁嘆場と新演劇の呼び物の論争場面、そして川上の演ずる役の自殺を見せる、という場の展開があることをここでは把握しておこう。

川上の三の替りの後、依田学海が主張する男女混合改良演劇公演が発表された（一〇月二四日）。「男女合同学生演劇広告　浅草公園吾妻座事済美館」という広告が「歌舞伎新報」に載る（明治二四年一一月五日、一三〇五号）。依田は小芝居（緞帳芝居）の小屋であった吾妻座の印象を変えるために済美館と改めさせ、川上の書生芝居の仲間伊井蓉峰・水野好美や元芸者千歳米坡らにより上演させる（依田学海作「政党美談淑女操」他）。岡本綺堂は「學海居士作の『政黨美談淑女操』といふ現代物でその成績は左のみ悪くなかつたが、どうも川上一派ほどには人氣が引き立たなかつたやうである。」と先に引いた一文（「川上のオッペケペ節」）に記している。これも後日の記述だ。

松本伸子は、川上の中村座公演の成功が依田学海にこの公演を踏み切らせる何かになったとみていて、同時に世間も、この公演を単なる男女混合公演というだけではなく、川上に「拾遺後日連枝楠」という改良脚本の上演を許可した依田、演劇改良の推進者依田の改良主張に期待をかけていたのではないかと推測している（詳細は松本伸子本に譲る）。

世の人々は演劇に新しさを求めていたということなのだ。そうなるとこの公演は、川上にも大いなる刺激になったのではないかと思われる。

大人気で半年近くに亘った中村座公演のあと川上一座は宇都宮から仙台へと地方巡業に出る。一二月には翌年〈正月に中村座に出勤〉の広告記事が出ている。中村座は座主が代わり、一八九二（M25）年一月鳥越座と改名、興行情報では、一月六日から川上一座の鳥越座開場が告げられていた。

が、期日には開場されず、日々様々な記事が新聞を賑わす。「川上の失踪　川上音二郎影を隠す」（読売新聞一月一〇日）、「川上欧州へ行くか　音次郎の喜び」（中央新聞一月一二日）等々が続く。金子堅太郎と川上の関係を伝えているこの記事を少し引くと、「金子堅太郎氏は（略）日本演劇には余程盡力せる方なるが近頃書生芝居の座頭と聞たる川上音次郎丈とは同國のこと云深く同丈の多年の新演劇に骨を折るを見（略）折には同氏の宅へも出入り（略）本年中には現職より外交官に轉任する模様なれば其節には汝をも召連れ歐洲各國の演劇を見物させ」るとある。これがおそらくあとで触れる音二郎のフランス行きに繋がるのだと思われる。

さてようやく一三日に「一四日午前九時開場」の広告が出て（東京日日新聞）、川上一座「平野次郎」（福地桜痴作）の初日が開く。

川上の初日は何故遅延したのだろう。白川本「上演略年表」には「川上開場を前にして一時姿を消す」と記されていた。「川上音二郎病氣の爲開場の期殊の外延引せしガ豫定の如く」（読売新聞一月一六日）開場という記事や「川上の失踪は奴と一緒か」（中央新聞一月二〇日）というゴシップまがいのものもあった。ということはこの頃には川上は奴（貞奴）と親しい関係になっていたことになる。

ちなみに村松梢風の小説『川上音二郎』を見ると、川上が料理屋で伊藤博文や奴と出会う場面がリアルに描出され、福地桜痴（源一郎）の「平野次郎」の本が遅れ、川上は稽古ができないと初日を延ばす案を出し、座主は初日を開けろといい、両者の意見が食い違い、川上が消えたと記述されている。

この「平野次郎」の企画は川上の案であった。福地源一郎（桜痴）著『平野次郎』（博文館一八九二〈M25〉年一月一二日）の「自叙」によれば、川上が前年の一一月に「平野次郎」の「立案稿本を携へて」福地を訪問し脚本を依頼したという。一二月中旬には完成し「全局七幕平野國臣君の事を叙」したが、川上が序幕の書き換えを要求してきた。しかしその時は既に原稿が印刷されていたから、本書は最初の原稿で川上一座上演脚本とは一部異なるというものであった。福地の改訂版は初日に間に合わなかったのだ。川上と座主の意見が異なり、自己の主張を通すために川上は姿を隠したのだと思われる。これは古い芝居の世界と川上の対立で、それを拒否した新演劇俳優川上の姿勢を垣間見る思いがする。村松の小説も全くの誤りではなかった。

川上は序幕の「向島の梅荘の場」を省き「大津街道札之辻の場」（京都粟田口）と「平野吉左衛門宅の場」（福岡城下平野宅）の加筆を要求し、それが遅れたのだ。この二場は序幕にあたり平野次郎（小金丸雄助）と実父・養父の関係などが告げられる場になっている。福地の第一稿は旧弊で川上提案の方が筋が通る。このダメ出しは川上が実際に芝居を作ってきた新しい合理的な俳優であることを示している。

川上の故郷福岡出身の「平野次郎」も「鳥越座書生芝居の景気」（中央新聞）が伝えられるように成功した。「平野次郎」には親子の別れ、夫婦の別れなどいわゆる愁嘆場が書き込まれ、これまで川上が上演してきたものに類似する。つまり旧派の歌舞伎が取り入れていた場面が川上の舞台でも描かれていたのだ。違いは同時代の国民的英雄西郷隆盛の登場と入水が表現され、それを助ける平野が特筆されたこと。その後福岡で囚われ人になった平野はのちに朝廷に許され、赦免という朝廷の威光がこの作にもあった。そして終幕で自害し、維新のために「その身を犠牲にした」平野を讃えて幕。まさに新旧入り乱れて盛りだくさんの内容である。江戸から明治へ移行する過渡期の演劇を見る感がある。同時に主役川上の〈死の場面〉を見せることも特徴であった。

福地源一郎の本には、西郷の入水場面などの挿絵があった。「幕末福岡藩の勤王志士平野次郎の錦絵」が福岡市博物館にあり、「書生演劇　福岡牢内之場」が描かれている。役名と俳優名入りで、平野次郎が川上音二郎、妹おひさが藤澤浅次郎。これまであげた錦絵は〈錦絵〉であるから、旧派の芝居と変わらない場面を描出しているが、これは当然のことながら取り上げる題材が〈明治に生きる人々〉であるから現代的な感じの〈錦絵〉になっていた。

その舞台表現は「今度の狂言は福地桜痴居士が書下たるものゝ由にてサラ〳〵としたお茶漬的は持前にもしろ、山崎の関所、薩摩沖の投身、福岡の牢内などゝ云ふ山がありて面白い訳（略）何分新俳優が勤めるゆゑシャツの中で蚤が喰ふやうな感じの無きにも非ず。其処等の用意があつたものか何の幕も〳〵手取り早く片附き実の入る所の無い様に書いたは如才無い作者なり」（東京朝日新聞一月一九日）と作者に嫌味を言いながら俳優たちのサラリと演じるさまと展開の速さを記したり、「狂言の仕組至て簡單にて一幕明かと見れば忽ち次幕となり恰も名勝古蹟を瀛車にて見物するの心地」（中央新聞一月二〇日）とまたもや速さを指摘された。評者の基準は何処まで行っても旧派の歌舞伎にあったのだ。旧派のねっとりした演技と比較して演技は〈サラリ〉として味気なく、つまりは〈自然らしさ〉なのだが、しかも幕の展開も悠長ではなくてかなり早かったのだと思われる。しかし多分これが観客には面白かったのだ。セリフの漢語が難しくわかり難いといわれたりしたが、〈自然らしさ〉の演技に合った舞台展開のスピード感に観客は酔いしれ高揚したのだと思われる。そうでなければ客は押し寄せない。籠ではなく汽車が走る時代、新テンポの時代が舞台に訪れたといっていい。

そしてこんな評もあった。「今度の狂言は実地を追慕するの情切に起り、腕に力の入る処多く金子貴族院書記官長（堅太郎）の肩を入らるゝも無理ならず。帝国の男子にしては必らず見るべきの好演劇なり」（やまと新聞一月一九日）。

松本伸子は、「平野次郎」の公演は、「財政的に苦境にあった鳥越座の起死回生につながるほどの大入りを取」り、川上一座は物珍しい書生芝居を脱皮し、演劇集団として大衆に受け入れられ、劇評が多くの新聞に載る存在になったと指摘した。まさにその通りであったのだ。他方で根岸派（党）と言われた劇評家たち——森田思軒、関根黙庵、幸田露伴、饗庭篁村、幸堂得知、須藤南翠は、川上の舞台を観に行かず批評を書かなかったという。新しい動きをプロの物書きが認めるようになるのはいつの時代も遅いのだが、いずれ彼らの存在を無視できなくなる。それは川上一座の繁栄が、この後多くの新演劇集団と俳優を誕生させることになるからだ。山口定雄一座・福井茂兵衛一座・青柳捨三郎一座（「平野次郎」公演前に脱退…柳永二郎説）・青木千八郎一座などなど、俳優も藤澤浅次郎・伊井蓉峰・水野好美・秋月桂太郎・小織桂一朗・喜多村緑郎などが陸続と誕生していく。いわゆる〈新派〉の登場をみるのである。そうなると根岸派の人々も舞台を観て劇評を書かざるを得ないようになるのである。

劇評の世界の大改革として「歌舞伎新報大改良広告」をあげなければならないだろう。

歌舞伎新報は「来春初刊分より大改良」と題して次のような広告を一三一八号（一二月一八日）、一三一九号（一二月二二日）、一三二〇号（一二月二六日）にだす。

「日本演藝協会と気脈を通じて同会の文藝員諸氏と特別寄書家に招請し尚廣く当代の諸名家に請て原稿の投稿を求め編集の任を宮崎三昧三木竹二鈴木得知岡野碩の四氏」に頼むというものだ。そして一八九二（M25）年一月八日号から刷新される。劇評もやっと変わる時が来たのである。

川上音二郎一座の〈明治二四年から二五年正月〉までの中村座―改名後鳥越座での興行は、新演劇俳優と新演劇集団を増やし、新演劇観客を開拓した。それは旧派の芝居では提供できない舞台空間と同時代の虚構の世界を〈自然らしさ〉という演技で生み出したからであった。彼らの登場は批評の世界を変えていく役割を果たしたと言える。舞台と劇評がどのように変化するのか、みていくことになろう。

注記

1）初版は『明治劇談ランプの下にて』（一九三五〈S10〉年）、その後改題『明治の演劇』（大東出版社一九四二年、同光社一九四九〈S24〉年）、そして近年『ランプの下にて―明治劇談―』と改題（岩波文庫二〇〇八年）されている。

改題『明治の演劇』（同光社昭和二四年）の初めに弟子の額田六福が「解題」を記している。この本が、〈昭和十年二月〉に出されたもので、その序文に岡本は「過去の梨園に落ち散る花びらを拾ひあつめて、この一冊をなした。（略）老いたる劇作家の昔話に過ぎない。（略）自分の遠い記憶をたよりに、見るまゝ聞く儘それからそれへと語り續けた。（略）傳聞くの誤謬などが無いとは限らない。」と書いたらしい（初版未見）。額田はこの文章が、初め「過ぎにし物語」として〈大正九年「新演藝」〉に載り、関東大震災後続編を書き続け、その後増訂して「歌舞伎」に連載、そして補筆後単行本（大東出版）になったという。つまり同時代評ではないのだ。

3　音二郎、市村座へ出勤　一八九二年

川上の市村座登場は、一八九二（M25）年三月であった。ここはかつての大芝居の小屋であった。八日から二週間の予定であったが、大入りで一週間日延べし、二八日までの公演になる。初日は全員無料、二日目は半額、「但シ軍人學生ハ興業中無料」と市村座は開場広告を載せる。一番目が川上と藤澤共同作（岩崎蕣花作という柳説もある…）の「鎖港攘夷後日譚」（六幕）、中幕が「備後三郎」、大切が「花宴團一座」。小織桂一朗が七役、静間小次郎が備前次郎外六役、木村周平が四役、女形中川幸次郎が四役、金泉が四役、藤澤が六役、水野好美が七役、川上が備後三郎高徳外三役で、そのうちの一役は〈川上音二郎〉である。語りを担当したのだろう。この市村座公演については、小櫃万津男（『日本新劇理念史』全三冊）も松本伸子も触れていないが、呼び物は中幕の「備後三郎」であったと推測される。

川上は「備後三郎」で本物の馬を出す予定であったらしい。東京日日新聞が「壮士芝居の本《ほん》色正《しょくせう》の物を正で見せる」（三月五日）つもりが当局の反対でダメになったと伝えていたからだ。また、出火を、発明されて間もない消火器（百工商会）で消すという場面も出したらしい（「川上一座、舞台で火災を見せる」中央新聞三月一〇日）。いずれ後述することになるが、〈本物を出す〉

という〈行き過ぎた自然主義的思考〉を川上は既にこの頃から取り入れ始めていたことがわかる。これは川上一座の売り物になるのだが、よく言われるフランスの自由劇場（アンドレ・アントワーヌ）の〈本物舞台〉（一八八七年〜）とさして変わらぬ時期に川上も考案していたのである。この先駆的斬新さがのちにパリのシャトレ座の舞台に惹きつけられた要因でもある。

さて「備後三郎」（児島高徳）である。すでに触れたように南北朝時代以来、北朝の勝利で楠正成は悪人とされたが、明治政府は楠正成を大楠公と復権した。児島高徳も同様で、南朝方であったが復権する。川上は、誠に明治という時代を読んでいたといわねばならない。中央新聞によれば、この舞台を松方首相・金子内閣書記官長・末松謙澄・伊藤伯令嬢などの政府筋、消防方、川上連（ご贔屓筋）、芸妓連、魚河岸連等々の見物が多数あったという（三月二〇日）。川上の舞台は固定客がつき連日満員の大盛況であったことがわかる。

そして黒田侯爵が小石川後楽園で催した園遊会で川上一座は「備後三郎」を演じることになる（四月二四日）。読売新聞は次のように報じている（四月二六日）。

当日は有栖川・小松両大将殿下、榎本外務大臣、華族、朝野の名士、学士、新聞記者、各国公使ら数百名が参加した。「備後三郎」上演には演劇場が用意されている。どのようなものであったか引いてみたい。

紫の幕を張り檜、藁等を以て後醍醐天皇の行宮《かりみや》を造り破簾、木燭見るもいたましき様を示せり暫くして八九の甲冑を着けたる武者共来たり北条氏の専横を物語る処へ川上丈の児島高徳出来りて諸人に志士仁人は身を殺して仁を為し、義を見て為ざるは勇なきなりと共に鳳輦《ほうれん》を奪ひ返し聖慮を安じ奉つらんとて涙と共に語り合へる（略）高徳（川上）仕丁の去るを窺ひ真刀を以て桜樹を白げ十家の詩を書す手跡殊の外見事なるに観者嘆賞す高徳此世に在る上は願くば陛下御心を安じ給へと涙と共に語し際には観覧者顔を背けて涙を拭へり高徳去るに臨み天皇御簾を褰《かゝ》げ紙燭を携へて高徳と顔を見合せ高徳ハ、と一声拝礼する途端に簾を下す処又一種言ふべからざる妙ありて衆賓の喝采を博したり

（読売新聞四月二六日）

まさに天皇礼賛の場が表現されたといえようか。川上は確実に政府要人に気に入られたのである。恐らくこれも川上のパリ行きを後押ししたと推測される。

この後五月、また市村座で、「ダンナハイケナイワタシハテキズ」（六幕）という変わったタイトルの芝居と「悪禅師」の二本を興行する。前者は熊本神風連騒動を扱っていて当時の電信文をそのまま外題にし新しさを狙ったものであった。一夫一婦制が浸透している現在なら考えられないことだが、種田少将の妾芸者小勝が〈種田は死んだ、自分は手傷を負った〉と打った電文がそのまま使われた。後者は「若宮の別當公暁ガ實朝殺害の場」（歌舞伎新報一三六四号）で、新旧の出し物になっている。この公演も「開場以來追々景氣づき出揃後ハ一層の好景氣（略）

賣切の模様」（都新聞五月一五日）と報じられ、お茶屋の総見・浅草各料理店（睦連）の総見・神風連（松原伯知の組織）の総見・三遊連（落語家）の総見と連日の大入り満員であった。そして成駒屋芝翫が市村座付茶屋長谷川の主人の勧めで舞台を観る。

芝翫も余儀なく福助翫太郎歌女之丞等を連立て一昨日同座を見物したるに川上の技芸と云ひ一座員の技倆と云ひ共に驚くばかりの上出来に親子を始め何れも非常に感服して賞讃し打出し後に茶屋長谷川方にて川上に面会して親く技芸の評をなしたりしが中にも芝翫は数十年間に経験したる技芸の内川上に適すべしと思ふ者あれば再会の折に御伝授すべしとて立帰りたり又同日は三幕程成駒親子の教に依て感得したる所ありたれば川上は翌日より直ちに修改し独必死に舞台を勧め居るといふ（読売新聞五月二三日）

芝翫がどの芝居のどこを教えたのかは不明である。恐らく旧派にある「悪禅師」であったと推測される。川上にとってこれは大いに宣伝になったことだろう。そして市村座は六月までの日延べを発表する。が、川上が贔屓の招待で食べた生ものに当たり、病気になって二八日で千秋楽になったと新聞は報じている。

こののち、七月から京都南座、大阪浪花座、神戸弁天座、京都常盤座と巡演し、横浜蔦座の一二月公演「書生の犯罪」「義経安宅関」でこの年一八九二（M25）年を終える。

新しい作品を入れながら手持ちのレパートリーを繰り返して上演し続けた一座の演目は、これまで見てきたように三つのタイプに分類される。「義経安宅関」のような旧派の簡略化作品、「備後三郎」「佐賀暴動記」「平野次郎」「ダンナハイケナイワタシハテキズ」のような維新史に材をとったもの、「板垣君遭難実記」「書生の犯罪」「監獄写真鏡」「芸娼存廃論」のような同時代の際物・時事問題（トピック）作品である。人気が出てきた一座で現代劇――新演劇、改良演劇をやり続けるには、別の視点の新しい作品群を用意しなければならない時期に、川上は否応なく差し掛かっていたといっていい。観客という〈大衆〉はすぐに飽きて新しさを求めるからである。

4　音二郎、パリへ行く　一八九三年

川上の外遊は、既に話題になっていた。金子堅太郎が欧州へ出立するとき共に連れていくという約束を先に記したが、金子は一八九二年六月二七日に日本を離れた。

「川上音二郎は昨日新橋を出発し万国公法会議に列席の為め欧州に向ひし金子貴族院書記官長に随行し欧州へ発するの準備なりしが生憎先頃より病痾に罹り且京都四条南芝居より是非出勤致し呉よとの相談ありしを以て欧州行は来る十一月頃まで見合せ京都へ赴く事とし」（都新聞六月二八日）と、こんな記事が出た。

川上は人気の一座を抜けることが出来ず、「明治二五年」は、関東・関西で公演を続ける。その間、九月には病気と称して箱根で療養している。これが〈真か偽〉か不明であるが、この時にも一一月には欧州行きと噂されていた。しかし現実はままならず、公演を打ち続けたのである。人気者が外国へ行くのは今も昔も困難で、川上の不在は興行主が許さなかったのだ。

そして翌年正月に〈突然、沈黙のまま〉パリへ向け出発する。残された座員や正月公演を予定していた鳥越座は、「川上音二郎逃走廣告」「川上音二郎除名廣告」「明ましてお目出度　當今芝居出勤中に付御免　新まい役者　藤澤浅二郎」（萬朝報一月五日）を同時に出す。これは宣

伝であったのだ。帰国時に皆が迎えに行っていることでもよくわかる。川上がいなければ客は来ない、と見込んだ座主や一座が故意に川上に負の責任を押し付けそれを公表して公演を続け、客を呼ぶという戦略であったと推測する。もちろん川上も承知であったろう。その結果、鳥越座公演は「好景気」であったのだ。

川上は一月三日、フランスのメルボルン号で神戸から出発し、マルセイユに着いてパリへ向う［注2］。帰国（神戸または横浜に到着）して新橋に着いたのは四月三〇日か五月一日と思われる。萬朝報が、「目下吾妻座にて興行中の川上一座員」が「一昨々夜新橋へ出迎ひに行き」と五月二日号で告げているからだ。当時は船旅に四〇日はかかったというから丸々二か月半は洋上にいるわけで、そうなるとパリに滞在していた時間は、二か月弱ということになろうか。パリの公使館には二月一一日に到着した［注3］。

さて川上はパリ行きを次のように書く（「名家眞相録」）。

「紹介状を書いて貰つて、佛國公使の野村靖さんを使つて行く事になつたのが、私が第一の洋行で、神戸からメルボルンと云ふ船に乗つて出掛けた（略）無事に佛蘭西へ着した事は着したが、佛語と云つては一つも知らないので、全然《まるで》唖の旅行と云ふ有様でした」と言う。マルセイユに着いてパリまでの道のりがさぞ大変であったのだと推測される。パリでは野村公使の案内で芝居を観る（シャトレ座他）。もちろんパリの街も見物する。

川上は、この短い滞在で後述するように多くの土産を持ち帰るのだが、その一つに「『エヂップ、ロアー』と云ふ大時代な狂言を持つて來た」という報告があった。「エヂップ、ロアー」とは、ギリシャ悲劇の「オイディプス王」のことだ。

川上はこの戯曲をどこで知ったのだろう。シェークスピア物は、歌舞伎で早くから紹介され上演されていたが、ギリシャ悲劇はまだ日本では取り上げられていなかった。もちろん川上はこの時には外国作品を舞台に上げていない。ただ川上の留守に上演された「巨魁来」はフランスのボアゴベイ作・黒岩涙香訳・竹柴信三脚色の作品であった（一月から鳥越座）。この選択は川上がしていたと推測される。

さて、「エヂップ、ロアー」だ。ここで思い出すのは「佐賀暴動記」の脚本である。これは上演に合わせて「歌舞伎新報」の一二九一号から一三〇四号（九月～一一月）に掲載されていた。そして先に記したように、この雑誌の大改良後、長谷川辰之助（二葉亭四迷）の『アリストーテリ』悲壮体院劇論解釈」が一三四五、四七、四九号に連載されている。早くに「詩学」を紹介した一文としてこれは貴重な文献であるが、この中に「エヂイプ」として「オイディプス王」のことが紹介されている。アリストテレスの「詩学」にある悲劇とは何か…を、簡単ではあるが分かり易く触れている文章だった。これまで悲劇を演じてきた川上は、一公演終わると次の芝居を常に考えていた。仮にこれを読んでいたらどうであろうか……。パリでこの作品が上演されていたという記録は今のところないから、演劇とは何かを伝える長谷川の一文にあった戯曲を、パリで購入したと考えてもあながち誤りではないだろう。

もちろんそれ以前にも川上関連で考えると、依田学海の「文覚上人勧進帳」を団十郎が演じ、それを依田が批判して川上に伝えたことがあった（2節で既述）。この戯曲を石橋忍月が『国民之友』（M21）で批評し、そこでアリストテレスの「詩学」に触れているが、川上の現実重視の姿勢を考えるとこの時にこれは読んでいないと思っていいだろう。

川上がパリ滞在中に上演されていた芝居は、主なものをあげると次のようなものだった［注4］。シャトレ座では、アドルフ・デネリー作「北京占領」［*La Prise de Pékin*, Cinq Actes Et Onze Tableaux］が前年の一二月から二月二六日まで、三月には［*La Fille Prodique*］［*La Passion*］、四月二日からは［*Michel Strogoff*］が上演されていた。ポルト・サンマルタン劇場では、一月から［*Au Dahomey*］、二月から［*Le Bossu*］、四月から［*La Maison du Baigneur*］、シャトー・ドウは、一月から二月まで［*La Poissarde*］、二月から三月まで［*Crime D'Orcival*］、三月から四月まで［*La Mére La Victore*］、ランビグー・コミック座では、［*Les Cadets De La Reine*］が一月末まで、二月から三月末まで［*Mére et Martyre*］、四月から［*Capitaine Belle-Humeur*］、市立 Gaité 劇場は、一月は［*Les Cloches de Corneville*］、二月から［*Le Talisman*］である。コメディ・ランセーズではモリエールの生誕二七一年で彼の作品をお祝い上演している。二月二六日からヴィクトル・ユーゴーの生誕一〇〇年祝い公演でマチネーには「エルナニ」を、夜には「リュイ・ブラス」を上演。三月六日から初演作が出て、M・

ギ・ド・モーパッサンの二幕のコメディ［*La Paix du Menage*］とアーノルド・シルベスト（ドーデ作の脚色か…）の［*Sapho*］一幕、三月二七日から再演もの四幕のコメディ［*Les Effrontés*］であった。

川上は、野村公使に「あちこちと芝居を見せて貰つたやうな譯でしたけれど、私は佛語を知らないのにも係らず、獨《ひとり》で方々へ行つて見物もして來れば亦いろ〳〵の買い物もして來る」（「名家眞相録」）と語っているから、いくつかの劇場へ行ったと思われる。買い物の一つが『エヂップ、ロアー』であったのだ。「コンセルバトワル」に入学したという〈法螺〉のような新聞記事（読売新聞三月二二日）があったから、コメディ・フランセーズの芝居はすべて見たのではないかと思われる。

帰国後の川上が中央新聞の記者に語ったのはシャトレ座の舞台への驚きであった。

其夜の藝題は普仏戦争なりしが（略）佛蘭西騎馬武者と独逸の兵士と相会して（略）剣の光は電《いなずま》か、飛び通う弾丸は雨か霰か、（略）叫喚の声は敵と味方と相合して地を震動する響きとなる。眞に是れ実地の一大活劇。此時舞台に出でし兵士は四百余人、実《まこと》馬数十匹なりしと。日本活劇の本家たる川上丈もシャトレーには驚き呆れて四百人は皆役者かと問へば否とよ、実の役者は数人のみ余は悉く期限満ちたる兵士を雇い來るなりと答へられ更に再び呆れしと云ふ。（中央新聞五月二四日、松本伸子本）

川上はまさに真の「活歴」を見た思いがしたのかもしれない。「備後三郎」で本物の馬を出したいと考えたが、かなわなかった日本の現実、〈本当らしさ〉を舞台で追及していた川上が、馬や元兵士を舞台に上げるシャトレ座の芝居を観て興奮するのも理解される。また自身のやり方が間違っていなかったとも思ったかもしれない。

「蓮華往生と天女の舞楽」（五月二六日）という中央新聞の観劇記では、次のような舞台が語られている。

「幕開くと舞台一面の水にて、漣の中より数茎の蓮華を出し如何なる拍子にか蓮華の蕾一時にぱつと開くと共に不思議や華の蕚《うてな》より各々一人の天女顕はれ水の中にて天女の舞楽を演ず。此時天女の纏へる衣裳に五色の光り照り輝やき其麗はしさ云はん方なく（略）」と川上は幻想的象徴的な舞台に酔っている。本水や照明の使用に驚いたのだ。音響の取り入れ方にも興味を示している。

〈ロマンティシズム〉を引きずりながら、〈象徴主義〉と〈自然主義〉が混在するフランスの芸術世界に川上は出会っていた。ロマン派芸術とゾラやゴンクール兄弟に代表されるような、科学的技術的な舞台とルポルタージュ文学がそこには存在していたのだろう。セリフが理解できないから派手で新しく、動きのある舞台表現に目が行くのである。そしてこの時期、既に日本美術が一部の愛好家に重視されていた。

この戦争を川上は「普仏戦争」と記したが、上にあげた演目にプロイセンとフランスの戦争（一八七〇〜七一年）はない。「北京占領」は、英仏連合軍が清国と戦った戦争（一八五六〜六〇年、別名アロー戦争・第二次アヘン戦争）に題材をとったものである。松本伸子は、川上が「普仏戦争」と語ったのは通訳の間違いではないかと推測した。同時に川上の見たこの舞台は、「八〇日間世界一周」［注5］の作者でSF作家の始まりとも言われるジュール・ヴェルヌ作、アドルフ・デネリー脚色［*Michel Strogoff*］（ミッシェル・ストロゴフ）ではないかと推測し、脚本や劇評から川上の記述に合っていると記されている。確かにそうであるのかもしれないが、一つ疑問が浮かぶ。

それは、川上が初日と言われる四月二日に舞台を観て、翌三日にマルセイユへ行ったとして、四〇日かかると言われていた船旅を経て五月一日（または四月三〇日）の夜に新橋駅に居ることが可能であったかどうかということだ。このあたりが疑問なのである。四月三日にパリからマルセイユへ行き、二、三日の誤差ならあり得るかもしれないが、一〇日以上も早く神戸なり横浜なりに到着することは不可能としか思えない。そうなると四月二日に上演された［*Michel Strogoff*］は観ていないことになるのである。

都新聞には「川上一座ハ一昨日舞納めたり叉洋行歸りの同座長川上音二郎ハ兩三日中に當地を出發して九州地方を漫遊し夫より支那内地を旅行する由」（五月一七日）と出ていた。そして五月二三日に「川上の廣告」が都新聞に載る。留守中の讒言に対する対応である。

「北京占領」の最終場面

松本伸子は帰国を五月下旬としたが、川上は確実に五月初めには日本にいたのだ。そして上記の記事で「支那内地を旅行」というのは、「北京占領」の舞台なった場所を見たいと思ったからではないだろうか。川上のシャトレ座の話は「北京占領」の舞台だと思わざるをえない。

［Drama Militaire a Grand Spectacle］［*La Prise de Pékin*］（五幕）の脚本を見ると、スタッフには音楽とバレー担当者がいる。名前を持つ登場人物は三一人、その他フランス人の兵士と船員たち、タタール人兵士たち、等々。表紙の絵（脚本でフランス人司令官、イギリス人司令官その他主要人物とある最終場面だろう…井上）は、たくさんの兵士や民衆のような人々が舞台後方や左右に立ち、その真ん中に上手には清国人と思しき衣装を着た俳優たち（タタール人か…?）、下手にはフランスの官吏らしき洋服を着た俳優たちが描かれている（122頁掲載）。北京で講和が結ばれるわけだから役人も兵士も民

衆もいたと推測される。タタール人という名前が出るところをみると、「普仏戦争」と説明されたのもあながち誤りとは言えないだろう。演劇という虚構に現れる戦争であるから、普仏戦争とアロー戦争（第二次アヘン戦争）を一つにした虚構の戦争を、フランスが勝利した戦争を、スペクタクルに描出したと考えることができる。そして［*Michel Strogoff*］も同じ脚色者の作品であるし、戦争ものである。これもロングランしていたレパートリーだった。観客の喜ぶ［*La Prise de Pékin*］と同じようなスペクタクルを舞台に展開させていたとみることも可能だろう。

実はこの［*Michel Strogoff*］は、原作小説が〈明治二〇（一八八七）年〉に報知新聞に羊角山人（森田思軒）訳で連載され、翌年報知社から発刊されていた。おそらく川上は〈明治二〇年〉当時、この訳本は知らなかったと思われるが、〈明治二九（一八九六）年〉にこれを日本バージョンで上演することになる。これについては後述（第三章）する。

いずれにせよこのシャトレ座の戦争舞台は、川上に大きなお土産を持ち帰らせることになったのである。

注記

2）出発については、萬朝報に「去る一日神戸へ赴き一昨三日同地出帆佛國郵船メルボルン号尓搭じて佛國へ向ひ」とある（一月五日）。

当時はフランスのマルセイユ着でヨーロッパへ上陸する手段が一番多かったといわれている（児島由理「近代日本人の見たマルセイユ」『実践女子大学紀要第29』二〇〇八年）。川上もその一人であったと推察される。児島によれば、川上の渡航時期には大体四〇日位で横浜―マルセイユ間が運航されていたようで、そうなると一月三日に神戸を発った川上は二月の一〇日前後にはパリに到着していたことになる。

3）都新聞に「去月十一日正午佛國巴里なる我が公使館へ安着」（三月二三日）と載る。つまり二月一一日に公使館へ着いたのだ。およそ四〇日の航海という計算と一致する。藤澤浅次郎宛ての川上の手紙にこれは書いてあった。

なお、松本伸子は、著書で「明治二十六年五月下旬に帰国した」（184頁）と記されているが、五月一日（あるいは四月三〇日）新橋着という新聞情報をみると、これは誤りであることがわかる。

4）松本伸子氏から譲り受けた多くの資料がある。これら資料のお蔭で、いくつかの〈真〉が明らかになった。松本氏に謝意を表したい。

"Selected Theaters, irst Ten Months of 1893" Approximate Dates Of Plays, Based on *Les Annales Du Théatre*, By Noel and Stoullig.

以下、本文で参照した仏語上演資料や脚本はこれによる。

5）一八七二年発表、日本訳は川島忠之助訳『新説　八十日間世界一周』前後編　私家版　一八七八年一八八〇年、井上勤訳『通俗　八十日間世界一周』自由閣一八八八年。

5　劇場建設・結婚・舞台の改良

川上の帰国前に鳥越座・市村座が焼失した（都新聞一八九三年四月一四日）。藤澤浅次郎を座長代理とする川上一座は吾妻座で四月二四日から「元禄紀聞平仮名草紙」「福島中佐単騎遠征」「夢道中當盛寶事」を上演、大入りで五月一八日まで日延べした。この公演の最中に川上が帰国し、五月一日（または四月三〇日）に藤澤たちは新橋駅へ出迎えたのである。帰国後一か月して「川上一座の演技場」の記事が出る。そこでは川上一座の専用劇場が日本橋区蛎殻町に出来るという話と、〈佛國にて見聞したる演劇「三人兄弟」〉、〈電気仕掛け及び日本にては従来其例なき目新しき技芸〉を七月に披露するということ、そして最後に「今日郷里福岡に出発したり」と報じられていた（読売新聞一八九三年六月二日）。

川上は六月初めに福岡入りして「亡父の法事を営み」、一座と共に教楽社で公演した（六月一八日～七月二日）。出し物は〈佛國にて見聞したる演劇〉〈目新しき技芸〉ではなく、一座レパートリーの「鎖港攘夷後日譚」「備後三郎」「福島中佐拉山雪中の場」で、日々大入りが続く。この博多の大盛況で純益千五十二円を得たと言われている（都新聞七月五日）。その後馬関稲荷座、熊本・長崎・広島と巡演して神戸大黒座で八月二四日から九月半ばまで、京都常盤座で九月二三日から公演、東京へ戻ったのは九月二七日であった。丸々三か月、巡業をしていたことになる。

川上の行動を見ていると移動は即ち公演であって一時の休みもなく一座の舞台が続いていく。帰国後の一か月近い空白は珍しい。これは次の新しい試みに向かう時間であったのかもしれない。一座の連続する公演は、それだけ需要があったということなのだが、新しい試みのための資金集めだけではなく、常にどこかで公演することで新演劇一座の存在価値を持続させようという思いがあったように見受けられる。新聞記事の連続する報道と共に、飽きっぽい大衆を惹きつける手段でもあったのだろう。

帰国後に読売新聞（六月二日）で報じられていた「川上一座の演技場」計画が本格的になって神田錦町に「改良演劇場を建設せん」という都新聞の記事が出る（九月二七日）。錦町には神田警察があり、小川町や神保町に近く、近隣には多くの学校があった。この地を選んだのは、若い学生客を狙うという意図があったのかもしれない。

川上は「初めて西洋から歸つて來た時に、演劇の改良は劇場の構造からなおさなければならないと言ふ事を主張した」が、「世間から攻撃の箭《や》を蒙つて」「それでは獨力で新式の劇場を建てて見せやう」ということになったと語る（『名家眞相錄』）。劇場改革は、演劇改良の第一目標であった。劇場改良に関しては、多方面からの分析を松本伸子がしている。詳細は譲るが、西洋風劇場歌舞伎座（一八八九〈M22〉年）や明治座（旧千歳座を新築M26）は出来たが、抜本的改革は未だ果たせなかった。

個人で劇場を建設しようという行為は無謀なことである。しかし川上はそれに挑んだのだ。しかも廻り舞台を持ちたかったから、大劇場で申請しなければならず、広さが要求され、それだけ資金も必要だったのだ。九州中国近畿の巡業は、その資金集めでもあったことがわかる。

「神田錦町なる川上演技場は今度大劇場の資格を得たき旨其筋へ願出でし（略）同場は其構造大劇場とするには規則上余程狭き方なるも（略）建築費用は（略）合計金一万七千六百八十円の予算なりと」（原文旧字　読売新聞一〇月二七日）と報じられた。

神田錦町に建設予定の劇場は神田三崎町三丁目一番地に替る。「錦町へ演技場を建設する計画にて既に其外囲迄構へたりしが其後都合ありて同所を見合せ更に三崎町の方へ転地せし訳なりと」（原文旧字　読売新聞一一月二三日）。

川上の計画は刻々と新聞に報道された。場所の広さを要求されて変更したと考えられるが、既に外囲いまでしていたということは、それに掛けた出費が無駄になったことを意味する。あくまでも大劇場を求めていたわけだが、なぜ三崎町を選んだのだろうか。

三崎町三丁目は、江戸時代には大名屋敷などがあり、明治になって陸軍の練兵場として使用されていた地域で寂しい原っぱであった。同じ三崎町でも一丁目や二丁目は、早くから開け賑やかな市街地になっていた。三丁目は一八九〇（M23）年に三菱に払い下げられるが、原っぱのままであった。

岡本綺堂は「三崎町の原」で「それは一面の広い草原で、（略）夏から秋にかけては高い草むらが至るところに見出された。（略）野犬が巣を作っていて、しばしば往来の人を咬んだ。追い剥ぎも出た。明治二十四年二月、富士見町の玉子屋の小僧が懸取りに行った帰りに、ここで二人の賊に絞め殺された事件などは、新聞の三面記事として有名であった。」（『岡本綺堂随筆集』岩波文庫二〇〇七年）と記述している。綺堂は麹町元園町から毎月一度この原っぱを通り抜けて本郷の春木座（後の本郷座）へ芝居を観に行っていた。大劇場なのに九銭で二度芝居が観られたからだという。

市街地化が遅れている地ではあったが、一八九一（M24）年六月に三崎座が出来る。そして翌年一月の神田和泉町の大火で、火を被らなかった三崎町三丁目は急速に発展する。新興の市街地になっていくのだ。川上はここに目を付けた。新演劇は新興の街にふさわしいとでもおもったのだろうか……。完成は三年後一八九六（M29）年七月で、まだまだ先である。

一〇月に藤澤浅次郎中心の川上一座が京都常盤座で二の替りが出る頃、川上と奴（貞奴［注6］）の結婚が報じられた。「よし町藝妓濱田屋奴ハ（略）川上音二郎と（略）トウ〳〵夫婦にする事と定め近日の内に其披露をすると云ふので奴ハ早速廢業して今から既に夫婦氣取で濟して居る」（萬朝報一〇月一三日）。これまでも話題になっていた売れっ子芸者との結婚報道も川上にとっては〈よき宣伝〉であった。

大日本婦人教育会の園遊会で「楠公子別れ」を演じたり（都新聞一〇月二日）、新劇場の観客は〈中流以上〉と報じたり、〈新劇場の上演作「三人兄弟」の筋〉を載せたり、〈新劇場には女優を加える、女優募集〉等々、〈真・偽〉の不明な報道がこの年中（明治二六年）続く。これ以上の宣伝はないだろう。効果抜群だ。劇場が出来る前から三崎町の川上の新劇場は世間の人に知られることになったのである。一つ二つあげてみよう。

「川上音次郎ハ來春早々淺草座に於て花々しく再び旗挙する心算なりと云ふ尤も右ハ矢張り大劇場假小屋の格となし三崎町建築中なる川上大劇場の落成を待つ由」（読売新聞一八九三年一二月四日）。

「今般建築仕候川上演技場の儀は本月一日を以て大劇場の許可相成候に付此段御ヒイキの御方へ謹告仕候　川上音二郎」（都新聞一二月五日）、この広告と共に演技場の出方を募集する一文も「川上演技場事務所」の名で載る。そして九日に「斧初め」があり、大蔵組から公布が三〇〇人も出て工事が始まった報告が出る（中央新聞一二月一二日）。読売新聞、都新聞にも工事開始が載り、劇場内で販売希望の店を募る広告、大阪角座で興行中であった藤澤以下座員が帰京して工事現場で手打ち式をした、等々連日報道されていく。これでは否が応でも期待は集まる。その挙句の浅草座公演であるから、満員になる条件は初めからあったのだ。

三崎町の新劇場に大劇場の許可が下り建築がはじまって川上は安堵したことと推察される。この一章でも触れたが大劇場は廻り舞台やセリ上がりを持つことが出来、引幕も使用できた。この決まり事は現在も変わらないようだ。千以下の客席数の劇場では、上演に必要な場合は廻り舞台を特設している。実はこの規模が金食い虫で後に川上の命取りになるのだが、おそらく小劇場という――いわゆる小芝居の小屋と称される蔑視―固定観念に捉われていて、自分の演劇はそういう類いのものではないと主張したかったのだろう。この観念は、先に触れた男女混合演劇を上演時の依田学海にもあって劇場の名称を変更したくらいだから、当時の人々がどのくらい捉われていたか理解される。そしてそれ以上に、何よりも小劇場では新しい舞台表現が十分にできないと考えていたのだ。

その舞台表現の改良―新表現の導入は、翌年（一八九四〈M27〉年）浅草座公演「意外」においてであった。

浅草座は、変わった歴史を持つ劇場であった。開場は二年前（M25）の四月で浅草新猿屋町（駒形一丁目）通称どぜう横丁に出来た小劇場（小芝居用劇場）で座主は鈴木定松という（阿部優造『東京の小芝居』）。沢村一門が本拠地とすることになって沢村座という名称になる。中心は沢村訥子《とっし》で、源之助・四世田之助たちが加わった。が、源之助が「花井お梅」事件で大阪へ落ちなければならなくなり抜けて、団蔵門下の名題役者市川団三郎が入ることになる。四月五月と興行をしたが、不入りから財政難になり鈴木が手を引き新座主に替ったが、幕を開けることが出来なくなる。訥子と新座主との関係悪化もあって訥子が去った。

「澤村座も負債の為め目下困難の體にて本月中には到底開場になるまじとの噂あり」（歌舞伎

新報一四一二号一〇月一五日）、俳優が入れ替わり立ち代わり新座主のもとで出演するが、長い興行は打てずに休座が続いていた。

このような時に大芝居の小屋市村座が三月二八日に焼失する（M26）。川上の外遊中の市村座の火事がこれだ。これは怪我の功名となり、市村座座主中村善四郎はこの劇場・澤村座を借り受ける。が、小芝居の小屋に大芝居の役者は出演できないという決まりをつくっていたからこの劇場には大芝居の俳優を出すことができない。市村座という大芝居の座主である善四郎は、この小屋を臨時に大芝居の小屋、つまり大劇場と認めさせてしまったのである。自分たちが決めた約束事を都合よく臨時変更するのだから、随分といい加減なものである。大劇場の頭取は市川左団次、小劇場の頭取は前田厚長であった。こういう事が出来るのも市村座座主であるからだろう。そして座名を浅草座と改めて六月に九藏・多賀之丞・女寅で開場する。善四郎は四か月連続して興行を打った後、一一月には赤坂の福禄座を新市村座と改称し、この劇場から引きあげる。期間を限っての大芝居小屋としたのかもしれない。福禄座も小芝居の小屋だから同様の手を使ったと推測される。

旧派の歌舞伎が去った後、いよいよ新演劇の出番が来たのだ。山口定雄らが一一月一四日から「清水定吉」「恋女房染分手綱」でその年いっぱい興行する。そして翌年の正月興行に川上一座の「意外」が登場するのである。川上音二郎・藤澤浅次郎・小織桂一朗・水野好美・高田実・岩尾慶三郎・伊井蓉峰らの名がでる。藤澤を座長代理として公演していた吾妻座では、名前のあった金泉丑太郎・静間小次郎・木村周平等の名前がない所を見ると、川上の帰国後に袂を分かったのかもしれない。この三人は京都で三友会を作り既に評判になっていたから、この後できた静間小次郎一座に参集したのかもしれない。静間は二〇世紀の初めに合名会社松竹が初めて契約した新演劇のスターで新京極明治座で連続公演をして活躍する。後の新派の雄となる伊井蓉峰はこの時期に川上一座に入座したと言われている。

注記

6）奴、のちの貞奴は明治四年七月一八日に東京市日本橋区両替町に生まれた。西暦導入前であるから、七月一八日が旧暦の誕生日か新暦かは不明。父は小山久次郎、母はタカ（生家は小熊姓）。実家の困窮により、一八七八年（明治一一）に日本橋区住吉町の浜田可免の養女になる。可免は芸者置屋を経営していた。数え一三歳（明治一六）の時に浜田家舞子〈小奴〉としてお座敷に出る。四年後数え一七歳（明治二〇）で一本になって芸者〈奴〉としてお披露目。川上音二郎を知ったのは山口玲子著『女優貞奴』の年表によれば芸者になって四年後（明治二四）とある。

貞奴は川上との出会いや結婚について次のように語っている。

「私が音二郎と夫婦《いっしょ》になりましたのは、明治二三年でことでございました。（略）川上が仏蘭西へ洋行の留守中は、私はまだ芸者に出ておりましたけれど、亭主持ちのことでございましから、ほんの気儘づとめにしておりましたのです。それから川上が戻りまして、私は二十三の年に廃業いたしましたのですが、此の時には川上が都合をして、吉原を始め東京中の盛り場へ立派に落石《ひき》祝いを配ってくれ

ました。」(「貞奴一夕」原文旧字、藤井宗哲編『自伝　音次郎・貞奴』より引用)

この中で川上を初めてみたのは、「板垣退助遭難実記」の公演の時だと記しているから、〈明治二四年〉に出会ったわけで、そうなると二三年に一緒になったというのは貞奴の勘違いということになる。二三歳ということなのではないだろうか。本文で引いたように結婚が報道されたのは、一八九三年一〇月(明治二六)だ。山口の年表によれば「明治二七年」奴二四歳の時、芸者を廃業して三〇歳の音二郎と結婚とある。

6　「意外」「又意外」「又又意外」

さて、一八九四年正月興行は「意外」と「楠正成」で、今回も新作と旧作だった。「意外」は、当時世間を騒がせていた「贋刑事殺人強盗事件」を劇化したものでつまりは際物だ。以下のような予告が出た。

「『意外』は川上一派の脚色《しくみ》に成り筋の概略は鈴村房太郎と云兇徒あり始め或銀行の手代なりしが強盗犯の為入獄し間もなく脱獄して四方を漂泊し其後天下司直の職たる判事に任用され明断の聞え高かりしが其身の旧悪を知りし旧情婦尋ね来りし為め事の発露せんことを恐れ其婦人を殺害して自分自ら殺害せし者の死体の検屍に臨み警官の為め其挙動の不審《いぶ》かしきを見顕はされし故逃走して僧侶となり説教場に起つて構法の折柄警吏に捕へられて縛に就くと云ふ仕組なり」そして「楠正成」は「大日本婦人教育会にて喝采を博したるもの、外に更に爽快なる討死の一場を加へたるものなり」〈読売新聞一八九三年一二月二八日〉。

「意外」は〈辻村庫太の事跡〉として広まっていた事件に材を取っている。これは、松本清張「飢餓海峡」に似たところがある。被害者の殺された女性の内実は分からないが、もしかすると懐かしくて偉くなった男を訪ねたのかもしれない。しかし女に暴露されたら…と恐れるのが男の心情であり、同時にそれが犯罪者心理でもあるのだろう。そして男は女を殺した。それにしても随分と破廉恥なことが明治という時代にはあったものだ。合理的な近代主義に染め変えられない時であったからこそ破廉恥さと尊王教育とが同居していたのだろう。川上の演目選定はそれを確実に把握していた。「意外」（アッと驚く…何というタイトルかと思う）と「楠正成」、破廉恥さと尊王教育、川上新演劇が受け入れられた要因はここにある。

川上は鈴木房太郎と楠正成を演じた。「楠正成」に討死の場が加えられているのは注目に値する。これまでも指摘してきたように川上演じる主人公が何らかの形で死ぬ場面があった。ついに「楠正成」にも出てきた。後に明らかにすることになる海外巡業で、川上一座が「死ぬ場面」で大喝采を浴びたのを思い出すと、〈死〉というドラマの真髄を川上は早くも掴んでいたことがわかる。

一月二日午前一〇時に初日を開けた一座の人気は日を追うごとに高まり、各連中の総見も多々あり売り切れが続く。「大入りに付七日間日延川上演劇淺草座興行」という広告が都新聞一月一六日に出る。売り物は新しい舞台表現の照明と舞台転換、そして舞台上の電話の使用であった。電話はまさに新しい機器である。「意外に面白し電話を使って見せ」（都新聞）と報道されている。

萬朝報が伝える舞台表現をみよう（一月二四日）。

川上丈ガ洋行して歸つた丈けありて其脚色も大いに従來の狂言と異る所少なからず（略）之れに（…事実）西洋の所謂道化戯《コメヂー》と悲哀戯《トラゲヂー》を混化し其道化の如きハ悪く、すぐらずして人に笑ひを來たさしむること實に輕妙にしてぽんち畫を見るの感あり又電氣の作用に依て切結ぶ刀より火を發し中の島梅次（元情婦…井上）殺しの場にて場内の電燈を消し舞臺にのみ燈光を照して月夜の体《てい》を見せるところも亦妙なり此場に於て幕を用ひず一時に場内の電燈を消し忽地《たちまち》にして道具を替るも西洋尓てハある例なれど我國にてハ未曽有の事にて目新らしく大いに見物の喝采を博せり

「意外」には、悲劇的側面と喜劇的側面があり、その笑いも軽妙な諷刺で悪いくすぐりがない。切り結ぶ刃から火が出たらしい。その上客席の電燈を消し舞台だけに明かりを照らした。場内燈を消すのは、現在では当たり前になっているが、明治期には、照明が蝋燭からガス灯になり電気になるにつれ、劇場の中も明るくなって、明るい中で芝居を演じていたのである。川上はパリの劇場で暗い観客席で照明を当てた舞台を観てきたのだ。その上舞台転換に幕を使用せず暗転中に大道具を替えた。「忽地にして道具を替る」とあるから余程早かったのだと思われる。もちろん速さは、現在とは比べ物にならないはずだが、当時の舞台転換は悠長であったから観客は驚き、そして喝采したのだ。演出効果を上げるための場内灯の消灯・舞台照明の妙・暗転中の舞台転換…これが川上の言う舞台構造の改革であった。そして上演作品の内容も「而して

其狂言の筋も通りて時に或ハ非難すべき個所もあれども先づ大体より云へバ面白き趣向と云ふべし」と、若干の非を持ちながらも評価され、浅草座公演は大成功を収めたのである。

パリから帰国した川上の新しい試みは、その内容においては同時代の社会問題を取り上げたと言ってよく、表現においてはスピーディな舞台転換と照明（科学を導入した演出）で成功した。これはこの国の演劇にやっと近代が訪れたといっていいのである。

浅草座の二の替りは二月二二日から三月二三日で、「又意外」を出す。それまでの約一か月弱の休みには小田原へ巡業に出ている。資金集めとは言いながら川上一座は引っ張りだこで殆ど休む間もなく芝居を打っている。

「又意外」の場割りや配役が萬朝報二月一八日に出る。「川上ガ佛國渡航中見聞せし法官原被の三人兄弟奇遇の演劇を飜譯したる華族の毒殺に關する御家騒動、不可思議快活の一大疑獄」とあるように、川上立案のフランス種を岩崎蕣花［注7］が脚色と報じられた。岩崎の名がでるのはこれが初めで、以後川上の舞台の脚色者として一座の座付作者になる。岩崎は新演劇の座付作者第一号と言われている。これも連日の大入りであった。

各新聞報道ではあくまでもフランス仕込みと記しているが、どうやらこれは同時代（一八九二〜三年）に藩主の精神病とお家騒動の大事件として新聞紙上を賑わし、関連書籍（四〇冊余）も出て巷間の話題を浚った実際に起こった話であったようだ。それもあって観客が押し寄せたのだろう。先にも記したが「仏国に於て見聞したる演劇を折衷し」た「三人兄弟」上演の話題は川上の帰国時にも出ていた（読売新聞一八九三年六月二日）。〈仏国見聞〉とカモフラージュしてもあまりに話題になりすぎていたからすぐにわかってしまう。それで直後の上演は見送ったか、あるいは検閲で不許可になったかだと推察される。旧中村藩主相馬誠胤が精神病院へ入院させられると、藩主を救い出した忠臣錦織剛清の「相錦後日話」の図が錦絵として出され（小國政画一八九二年）、主君の死後、裁判をおこし、毒殺だと言って墓を掘り返す。結果は毒殺ではなかったのだが、芝居の題材にはもってこいの内容であった。錦織に組した内務官僚後藤新平やそれに対する相馬家の一部の人々・家令志賀直道（志賀直哉の祖父）・主治医中井常次郎らとの裁判などが、この芝居の主筋になっている。いわゆる際物で、あまりにも明らかな内容であるからフランス種としたのだと思われる。大まかな筋が分かる都新聞の評を引こう。

「壮士芝居ガと一口にケナすハ未だ壮士芝居の狂言を仕生かす眞の妙味を知らぬ所謂食はず嫌ひの人の云ふ事なり（略）徹頭徹尾目新しく眞に迫りて事實に適ひ二幕目の毒殺の所、三幕目裏長屋の高利貸執達使の無慈悲酷薄なる六幕目の北海道夢の場の雪の道具など目覚しく殊に裁判所公判の場などハ理屈ツポク連中の寄合とて本職も三舎を避くる位、一昨四日目に大入り掲げたる意外でハなく芝居の面白き故ならん」（二月二七日）

一座は、三月二三日まで大入り満員で浅草座を打ち上げ、四～五月は北海道へ呼ばれて興行をした後、七月にまた浅草座に戻る。今度は真のフランス土産「又又意外」であった。既に「大道具の火事場か若しくハ眞の泥を遣つて泥濘《ぬかるみ》の大立廻はりかの内を見せる筈ナりと」（読売新聞三月二六日）という予告も出ていた。これはフランスから持ち帰った「エヂップ・ロア」に材をとっていて脚色は岩崎蕣花である。もちろん日本版になっている。外国種を脚色して上演するとき、歌舞伎は常に日本バージョンで演じていた。それを後に翻案と称した。外国人に扮した俳優を出して翻訳物を上演するまでには、今少し時間がかかる。川上も日本社会に移して上演している。この方法は二〇世紀には鈴木忠志や蜷川幸雄の演出で度々行われ、世界にも発信しているが、その時は原本重視でセリフの変更はない。これはたしかに新しい表現であった。しかしたとえ脚色が施され現代の感覚では芸術的に稚拙であったとしても、明治の初めから歌舞伎も試み、新演劇の川上も散々やっていた表現であることを、わたくしたちは記憶に留めなければならないだろう。

さて、「又又意外」の筋を引こう。新聞に載る筋は公演予告として非常に重要なものであった。これを軌道に乗せたのも川上の新演劇であったと考えている。かつての歌舞伎は、筋を知らせると客が来なくなるという発想があり、初めてその大まかな筋が雑誌に載ったのは、一八七九（M12）年一二月の『歌舞伎新報』で河竹新七（黙阿弥）の「霜夜鐘十字辻筮《しもよのかねじゅうじのつじうら》」であった。以来公演前に粗筋が知らされるようになり、歌舞伎界の心配は杞憂で観客はこれを見て劇場へ行こうと興味をそそられた。合理的な意識が人々の間に芽生えたのだ。後代のわたくしたちにとっては全体の台本も録画もない時代のことであるから、どのような形で舞台が展開していたのかが分かる大事な資料となった。もちろん上演時に変更があることを考慮してもなお、資料として価値はある。

大森村の豪家稲田源藏なる者柳橋の藝者八重子を妾となし本妻の歿したる後ち後妻に直したるに八重子ガ稲田家の世嗣即ち先妻の遺兒源一郎を邪魔にし此子ありてハ後日稲田家の財産も我ガ自由にならずとの念より本夫《をつと》源藏を誘かして源一郎を失はんとし源藏ハ八重子の色に溺れ其毒舌に罹りて兩國川開きに遊散船の喧嘩の起りしを幸ひ其騒ぎに紛れて最愛の一子源一郎を大川に投棄てたるガ發端にて大川の渡守船人洲崎の三次川開きの夜幼兒の流れ來るを救ひ上げ終に我兒として養育し居たるガ其子成長の後ち放蕩無頼となり一日東京ホテルに一紳士の飲食し居たるを見て其紳士の跡を尾け新橋より大森までの汽車中にて右の紳士を殺害なし金壹万圓を強奪して跡をくらまし洋行なしけるガ

この前半部分は、「オイディプス」と異なる。神託により子供を捨てるという件りが財産を狙う後妻の姦計という、いかにも日本的な俗な話にかわっている。しかも養父母に育てられ、成人後に殺人を犯し大金を得て洋行するというのは、若い者が立身を夢見る明治という時代を反映しているようで興味深い。大金を得て放蕩三昧というのでは、いかにも旧弊で身も蓋もない……。

数年の後歸朝して大森村稲田の後家八重子の入夫となり寝物語りの内に先夫源藏ハ汽車中にて何者かカ殺されたりと聞き扨ハ己れの殺したハ八重子の先夫なりしカと察せしレど自分ハ船人三次の實子なりと思ひ居たる源一郎殺したるハ我實父、今我ガ女房になし居る八重子ガ我ガ継母なりとハ夢にも知らず八重子も亦た稚きころ棄てたる源一郎殊に大川へ投げ込みし事なれバ死したるものとのみ思ひ居る事とて我ガ継しき子にして同人ガ先夫源藏を殺したりとハ知らず

これを読むと、「オイディプス」の運命的出来事である〈実母との同衾〉を避けるために幼児を棄てた理由を〈継母の姦計〉としたのだということが分かる。日本の現実では不道徳極まりないと非難されるし、何よりも検閲を通らなかっただろう。実父の娘への凌辱は否定されながらも現在まで続いている現実が他方であるが、実母と息子の同衾は、父の権威を犯してはならないという家父長制社会では、決してあってはならないことだからだ。つまり母は父の所有物であるからである。これらは男性視点の規範で、女性の人権はいずれの場合も不問に付されていることが分かる。

船人三次ハ義理ある我ガ子の内を外なる放蕩に終に行方知れずとなりしに今ハ大森に居ると聞きて尋ね行き恨み憂みを並べ立て始めて我實子にあらざる事を語るにぞ源一郎の驚き一方ならず

夫れでハ殺したハ我ガ實の親、今の女房ハ我ガ継母なり不孝に不孝を重ね所詮此處にハ居られぬと出奔なさんとする八重子も先非を悔ひ我ガ悪心より斯る因果來りしと善心に立歸り源一郎ハ身を隠さんと逃出す途中終に大森濱に於て雷雨激しき中にて捕物となる筋合なりと

「オイディプス」は現在時間が過去へ遡り順次〈語りの報告〉で過去が現前化するのだが、この脚本の場合は自然主義的時間の進行により当の本人が語り伝えることになっていて、いかにも写実味が濃い。

〈因果応報、親の権威、親に考〉という〈明治の道徳律〉がこの筋の中心をなしていたことがわかる。ソポクレスも仰天であろう……。しかも〈継母と義理の息子との間には子がない〉、これが重要なことだった。神託も怒れる神も原罪も存在しない日本を表現している。これが日本バージョンの「オイディプス」であった。都新聞（七月一二日）はこの筋を「勧善懲悪にし

て佛家の所謂因果応報の理を悟らしむるにあれバ教化上頗る益する所ありて」と評価し、しかも海外で見聞した事として「支那人」と「印度人」が狡猾で日本人を騙す場が、汽車の強盗殺人のくだりにあることも記している。アジアの他民族に対する蔑視が見受けられ、これも当時の日本人の意識に根付いていたものであって、それを川上は取り込んでいた。

この奇想天外なあり得ない筋だけでも客は喜ぶだろうが、その上に大きな仕掛けをした。川上はまたもや舞台機構で実物主義というかリアルというか、〈本物〉を出すのであった。「諷俗写真　又々意外」のタイトルを持つ筋書（福岡市博物館蔵一八九四年）通り、まさに〈写真〉以上の本物で、両国の花火・東京ホテルの食堂・新橋駅の雑踏・蒸気を吐く汽車・雷雨等々…があリのままの姿で舞台上に出現した。これに観客は興奮したのである。汽車の中で殺害する場の錦絵がある（口絵掲載、川上浩氏蔵）。放蕩をしていた大月竜作（源一郎）は両肩から上腕にたっぷり刺青を入れている。竜作が川上、稲田源藏が高田実で走る汽車のデッキで首を絞めている図で、動きが感じられる。ここで先の劇評の最後の部分を引こう。

西洋にても使ひし事なしと云ふ汽車進行中の道具の道具方の執拗より川上の考案通り行はれざるにあり左れど諸汽車の車輪の廻轉するに注目せよ大詰に本雨を使ひて雷雨中の立廻りハ彼等ガ専賣烈しくも亦た物凄く暑さを忘るゝの思ひあらしむ兎まれ角まれ彼等ガ其の趣向の巧みにして他人の意匠を藉らず座員中にて斯く意想外の脚色《しくみ》を爲すハ感服の外な

きなり

本水は、川上がシャトレ座の舞台で観たもので、早速応用したのだ。

（都新聞七月一二日）

次節で触れる日清戦争でよくわかるが、当時の東京人は、押さえつけられていた徳川三百年の抑圧の歴史を取り返そうとしているかのように、破天荒で残酷で激しく主張する流動的なものを求めていたのだ。そうした市井の人々の気持ちを、川上は登場以来各地で巡演しながらその身体で感じ、把捉していたのだろう。あるいは先見の明があったのか、いずれにせよ非凡な演劇人であったことは否めない。

川上の演劇は舞台機構においては近代が訪れたが、脚本の内容はまだまだ前近代、否な「明治」がどっぷりと息づいていて、まるで蜜月関係のようだ。新しい思想を盛り込んだ脚本はまだ現れなかった。これは一人川上だけの問題ではなく、この時期の演劇全体を覆っている大きな課題であった。劇作家が育つまであと一〇年は待たなければならなかった。

そして日清戦争が始まり、日本国は興奮の坩堝と化すのであった。

注記

7）岩崎瞬花（一八六四～一九二三）は、唐津藩士の子として江戸藩邸に生まれる。福田宏子によれば新聞記者・教師・官吏・壮士を経て、明治二一年（又は）二年に三代河竹新七に師事、竹柴信三と称した。旧派の台本を書いていたようだ。川上との出会いは明かではないが、新演劇・新派の座付作者の草分けで多くの脚本を書く。福田は「意外」も岩崎の脚色だと言う（日本近代文学会編『日本近代文学大事典』講談社）。後に貞奴が演じた日本で初めての児童劇公演の「狐の裁判」「うかれ胡弓」も脚色した。

7　日清戦争

日清戦争は、一八九四（M27）年八月一日の日清両国による宣戦布告に始まり、翌年の四月一七日の下関条約調印と五月八日の批准書交換で終わった。しかし実際は、宣戦布告以前から小競合いをしていて七月には豊島沖海戦で戦争に突入している。実はもっと前、一八七五（M8）年の江華島事件以来、二〇年にわたり朝鮮半島を廻って日本と清国とは軍事的な緊張関係が続いていた。戦争は突然起こるものではないことがこの戦いでよくわかる。第三章で川上の台湾芝居上演に触れるが、台湾をめぐっても清国と衝突していたから清国から見れば小国日本はかなり鬱陶しい邪魔な存在であったと思われる。しかし日本にとってはあらゆる意味で近代国家日本を世界に知らせる非常に重要な戦いであったし、日本国民にたいしても清国より日本の方が進んでいるということを知らせなければならない戦いでもあった。軍歌「敵は幾万ありとても、全て烏合の勢なるぞ、烏合の勢にあらずとも、味方に正しき道理あり」が、そうした日本側の清国（兵）に対する差別意識を助長し、日本兵の崇高さを称えるものとなって、軍歌の大流行を生んでいく様子を佐谷眞木人は著書（『日清戦争』講談社現代新書二〇〇九年三月）で描出している。

こうした国家の意気込みは、九月八日に大本営を広島に移して天皇が一五日に広島に入っている事でも理解される。明治になって初めての外国との戦いに勝利した日本は浮かれ、この勝利は東アジアの国際秩序を揺るがした。小さな島国「日本のナショナリズムは中国大陸に伝播し、やがて東アジア全体へと波及して」（佐谷）いくのである。このあとの日露戦争の勝利もあって次々と近隣諸国を植民地として、日本国は八紘一宇、大東亜の共存共栄思想を生み出していく太平洋戦争へと歩みを進めるのだから恐ろしい。ところで佐谷本にも川上が登場しているが、ここにも誤りが多々見出される。川上に関する言説の〈偽〉の伝播は二一世紀にも続いている。これも恐ろしいことだ。

さて、日清戦争の勝利は日本国民を大いに熱狂させ、海に浮かぶ小さな島国の身長も体格も小さい国民に優越感を与えた第一歩となった。

日清戦争は既に始まっていたが、川上の「又又意外」は連日大入りで完売、八月五日まで公演が続くと報道されていた。この作品の中でも「支那人」が軽蔑の対象とされていた事、そしてそれを喜ぶ観客がいた事を思い出すと、市井の人々の大国清国に対する悪感情が手に取るようにわかってくる。

いよいよ戦争芝居が始まる。川上の次回作は、浅草座で「今一回興行する事となり狂言ハ『日清戦争』と決し在來の一座を日兵とし清兵ハ新たに三十名ばカり雇入る、事となり遅くも來る廿日頃までにハ開場の豫定なりと」（都新聞八月五日）と予告されている。連日新聞紙上に川上の未だ内容不明の次回作案内が載り、「支那征伐」と報道した新聞もあった（読売新聞八月八日）。「鬼退治」のようないかにも旧式なタイトルだが、清国との戦争に浮き足立っている世間の様子がよく分かる。

都新聞八月一六日には、川上一座だけではなく「横濱蔦座に於て訥升一座ガ演ぜんとしたるも脚本認可とならず又新盛座にても目下其筋へ伺ひ中なるガ許可の程ハ六かしき由」と旧派の一座の上演希望が報じられ、しかもこれまでの芝居は「只奇麗にして婦女子の人気に投じぜん事のみに苦慮するの傾きあり」「我邦の士氣をして沮喪《そさう》せしむる」が、川上らの「壯士役者ハ武骨極り新俳優と云へバ新平民同様に目せられ居る變り多少文字あり思想あれバ勇壯活發士氣を鼓舞するなるべしとの考へに出づるならん左れバ此の名譽を儋《にな》ひたる一座ハ惰弱《だじやく》に流れ艶聞を流されぬ様シツかり演つて貰ひたし」と報じられる。これまでの演劇集団がどのように思われているのかが分かり、同時にそれに対峙する川上の一座への期待が窺われる。

これを受けて、川上は「國威を輝かし士氣を鼓舞するの目的を以て今回日清戦争を活劇に取仕組み観客をして眼前戰地に在て猛將勇士龍戰虎鬪の狀を見るの思ひあらしむ乞ふ天下愛國の人士君國を懷《おも》ふの赤誠《せきせい》を移し來つて此壯絶快絶なる新活劇を見よ　川上演劇　敬白」と都新聞に返信を載せた（八月一九日）。出来過ぎた二つの記事だ。これは戦地にいる兵士たちへのエールと共に銃後の民衆を鼓舞させる役割がこの芝居の上演にはあった、そんな事を告げているような気がする。つまり明治政府推奨公演であったのだ。

二一日に検閲台本の認可が下り「一座ハ本日ハ禮服にて出座し座附茶屋ハ國旗を飾り座員ハ棚に府知事より下賜されたる木盃を以て祝酒を傾け本膳の饗應ありて直に稽古に取掛り道具の出來次第開場の手筈なりと云ふ」（都新聞八月二二日）ことになって、戦争芝居の先陣を切る。

このように川上の「日清戦争」を読み解くと、後年「明治」を振り返って岡本綺堂が綴った「明治二十六七年」の「戰爭が起こると同時に、大小劇場では競つて戰爭劇を上演することになつたが、そのなかでも斯ういふ機會をつかむのに拔目のない川上音二郎は、その九月、淺草座で眞先に戰爭劇を上演した」（『明治の演劇』）という一文は、事実認識の欠けた発言で綺堂の川上に対する〈偏見〉の感じられるそれと見ざるを得ない。

国民の熱狂と川上一座の思いがけない成果が、他の集団の上演を体制側に許可させる要因となったとみていいだろう。渡辺保は、「日清戦争劇ブーム」で川上の浅草座公演以後の日清戦争劇を列挙している。八月の川上一座「日清戦争」から翌年の七月の青柳一座「大日本大勝利半嶋誉」までの一一か月間に歌舞伎と新演劇の両方が東京近辺と関西で上演した日清戦争劇の数は何と三一公演にも上っていた（『明治演劇史』講談社二〇一二年一一月）。ざっと計算しても一か月に三本、どこかで上演していたことになる。その熱狂ぶりに驚かざるを得ない。

これは、中央の新聞だけの報道で生まれたものではなかった。日清戦争には多数の従軍記者が誕生していた。各新聞社が戦地に送った特派員は「全国六十六社から百二十九名」（佐谷眞木人）と伝えられている。それ程この戦争は焦点だった。有名人になった記者もいた。戦争報道に力を入れていた徳富蘇峰の国民新聞で記者となった国木田哲夫（独歩）は、海軍従軍記者となりルポルタージュを発表して一躍有名になっている。余談だが、国木田は帰国後従軍記者招待晩餐会で日本基督教婦人矯風会の幹事佐々城豊寿の娘信子と知り合い結婚、その後離婚したことで、輪をかけて著名になる。二人の恋愛と結婚は、それだけ新しい関係性を生み出していたのだ。独歩の死後、これらの状況を題材に有島武郎が小説「或る女」（一九一一年、一九年に加筆完成）で「新しい女」田鶴子〈完成稿では葉子〉を形象化した。独歩は木部として登場する。この小説は川上音二郎の死後発表されるのだが、松井須磨子の「人形の家」ブームや雑誌『青鞜』の登場と共に、女たちに対する国家戦略〈良妻賢母〉像に反旗を翻すものとしてベストセラーになっている。

芝居の世界よりも現実は数歩も先を歩いていた。実は川上も、世の変化に気づき舞台を作る。それは「日清戦争」の熱が終息してからだった（後述）。

従軍記者だけでなく画家も戦地に送られた。いってみれば従軍カメラマンのようなものだった。従軍画家たち――久保田米僊親子・浅井忠・黒田清輝ら――が戦場を描いた絵は銃後の国民をいやがうえにも興奮させたわけだから、実際に舞台で表現される戦争芝居に人気が集まるのは当然といえよう。

川上の「日清戦争」は、八月三一日に浅草座で開場する。それ以前に「見せ場ハ五幕目『李鴻章面前新聞記者痛論の場』にて新聞記者比良田鐵哉の川上音二郎、李鴻章ハ高田實ガ勤め流暢の辨を鬪はすと云ふ」（都新聞八月二八日）という記事が出て、新しく誕生した時の人、従軍記者を登場させていることがわかる。

初日が開くと直ちに完売、大入りであった。「開場前に満員の大景氣なり初日早々大入を揚げる芝居ハ未曾有なるべし」（都新聞九月二日）と早速報じられ、日々の大入りで五〇日間上演し続けることになる。日々の新聞報道は様々な逸話を残している。花道で日本兵と清国兵とが取っ組み合いをすると観客が舞台に上がり清国兵を殴りつける（都新聞九月四日）、香港の病院長・英国人ラウソン氏が、北里（柴三郎――この年六月香港の病院でペスト菌を発見。恐らく帰国時に病院長を同行したと思われる…井上）・石神（亨――北里の研究助手の医師、香港へ同行しペスト菌発見に協力した…井上）両氏と共に観劇し、「川上の二幕目の軍醫が戰地負傷者に施す手術の處にてハ其眞に迫れるに感心し日本に來て歐風の演劇を見物せしハ實に案外なりと物語りたる」（都新聞九月二三日）。市川猿之助が見物（読売新聞九月二四日）、「一度横濱メール新聞の評に上りしより日々西洋人見物多きが米國の紳商某ハ同一座を買入れ桑港に於て『日清戦争』の新演劇を興行せんと昨今相談を掛け來りし由」（都新聞九月二七日）、等々枚挙に暇《いとま》がない。浅草座の茶屋と横浜住吉町の湊座（港と表記することあり…井上）との間で川上一座の取りっこがあったようでそんな記事（都新聞一〇月五日）もあった。

芝居茶屋も座主も左団扇で大喜びの取り合い、川上も至急俳優を募集したり（都新聞一〇月三日）、陸軍に〈一千圓〉の献金をしたり（都新聞九月二〇日）等々で忙しい。いずれにしろ芝居でこのような騒ぎになる公演は前例のない稀有なことであった。その位東京市民はこの戦争に熱狂していたのだ。この大騒ぎの中「三崎町へ新築の川上演技場ハ一昨日より急に人夫を増して工事を急ぎ出したる由」（都新聞九月二六日）という報道も出ていた。

川上はこの大当たりの芝居について次のように語っている。

日清戦争の時代には、敵愾心が高ぶつて居て、一寸戰爭の話をしても、誰一人清國をよく言ふ者が無かつた位だから、芝居にしても李鴻章の役になる人が無い、誰がよからう彼がよからうと云つた末に、高田は身體は大きいし、ヌーッとして居る所もい、となつて、李鴻章の役を勤めさせた所が、前に言つた敵愾心の盛んな時代だからたまらない、見物は舞臺に出て居る高田を目掛けて、茶碗を投げるやら土瓶を投《ほう》るやらしたが、高田はそんな事に頓着なく一向平然として李鴻章を勤めて居た、是が高田と云ふ名前を世間に知られた始め（略）　（「名家眞相録」）

高田實（実）は、川上が岡山を巡業しているときに入座したらしい。「又又意外」で大きな役がついて以後、この一座で重要な役割を演じる。なお、伊井蓉峰も「又意外」の頃に入座したと川上は記している。

それにしても東京市民の熱狂ぶりは想像以上であったようだ。次節で触れる「日清戦争祝捷《しゅくしょう》大会」でその異常な騒ぎは更によくわかるはずだ。こうした大騒ぎが、何度も言うが、川上音二郎の公演を完売にしたのである。演劇は、世の中の波と決して無関係には成立しないことをわたくしたちは肝に銘じなければならないだろう。

ここで、5節に述べたパリ・シャトレ座の戦争芝居を思い出さなくてはならない。松本伸子は藤澤浅次郎の作とされる「日清戦争」とパリ・シャトレ座の舞台が「ないまぜにされている」と指摘する。松本は「北京占領」と「ミシェル・ストロゴフ」の両方が種本という視点である。「ミシェル・ストロゴフ」は先に指摘したように川上が観劇した可能性はない。

そこで、松本の指摘する共通点と「北京占領」の幕構成をみていこう。

既に上演二日前に都新聞が五幕目『李鴻章面前新聞記者痛論の場』（口絵掲載）の新聞記者に扮した川上と李鴻章の高田の論争場面を報じていたことは前に引いた。その場は「国際法に照らして清国の非を説く処」で、「『北京占領』の第六幕でロンドンタイムス記者ブラウンリーが清国の皇帝に向って、軍使処遇に関する彼等の非道を責める場面に似ている」（184頁、傍点井上）と松本は記した。

「北京占領」の脚本（一八六一年七月インペリアル座初演）を見ると、この芝居は五幕からなり、各場が更に細かいシーンに分かれ、シーンの背景〈Tableau〉（バックの絵〈現在の装置〉だと思われる）も変化している。フランス古典劇のように登場人物ごとのシーン割りと背景の転換とが詳細に記されているので非常に分りずらい。以下、簡単に引こう。

一幕の最初は〈Toulon 付近の村の Place……1Tableau〉で各シーンの背景に変化はない。二幕は〈Yen-Tai 市の宮殿……2Tableau〉で、記者ブラウンリーが登場するのは二幕五場で、ブラウンリー以外の記者もいる。フランス人司令官やイギリス人司令官と国際法について語っている。登場人物が順次増えて論争、一二場まで続く。ここで場面転換があり、〈Pei-Ho の外れ……3Tableau〉から五場あり、また背景が転換し、〈Ta-Ku の前線（戦線）……4Tableau〉でフランス人とイギリス人が前線で戦っている。戦いの様子は脚本では簡単に記されているが、「フランス万歳、イギリス万歳、皇帝万歳」のセリフがある。おそらくこの場は演出の裁量に任されていたのだと思われ、この場の表現にも川上は刺激を受けたと推測される。ここで二幕はおわる。

三幕は〈Tang-Teheou にある小宮殿……5Tableau〉で一〇場まであり、イギリスやフランスの司令官は登場しているが、皇帝もブラウンリーもでない。背景転換後〈中国の宮殿の夏、大広間……6Tableau〉三場で皇帝が、四場でブラウンリーが登場する。松本が〈6Tableau〉を「六幕」と記した場である。まことに分かりずらく、わたくしも理解しにくい脚本であった。ここで論争がある。三幕最後の、「復讐」「復讐」と叫ぶルシエンのセリフでおわる。

四幕は〈Une Prison……7Tableau〉、刑務所で、トアシン・コウシリアン・キクリー・ヤンフーの場が七場まで続き、ここへ番人とブラウンリーが来てトアシンは恋人の死を知らされて、夢を見る先の〈Le rêve……8Tableau〉のシーンへ転換して幕。

川上が感動した「北京占領」の Taosing の夢の場《Le rêve……第四幕第七場の背景転換後の〈8Tableau〉のシーン》、これが先に引いた「蓮華往生と天女の舞楽」（中央新聞五月二六日の記述）の場で、確かに脚本にある。川上がこの舞台を確実に観ていたことが分かる。川上の表現はかなり〈オーバー〉で、誇張されているようであるが……。

五幕は、〈粗末な家とフランス司令部のテント……9Tableau〉で四場あり、背景が替って〈北京の街頭（壁）……10Tableau〉、最後が〈北京の町……11Tableau〉で先に記した脚本の絵で多くの人々が登場する占領の場（終結）で終わる。

そこで川上の「日清戦争」の場割りと主な配役をあげよう。ここに引く冊子は二〇頁弱で、表紙の上と下に〈「日清戦争」川上演劇〉の文字があり、真ん中に丸で囲まれた地図がある。

渤海と黄海が中心でそこに船が何艘も描かれ、左上に満州、横に中國（各都市の名前付）、右下に日本の一部（下関・対馬・長崎などの名）、中心の右に朝鮮半島が大きく描かれ、その横に「日清韓略要圖」とある表紙で、頁を開くと下に淺草座の名があり、全体に北京城略圖、次の頁から各場の情景が描かれ、次に一幕から七幕までの配役名が並び、その後の頁は座席定価評に料理屋・呉服屋・化粧品屋・カバン屋・酒屋・香料・葡萄酒・小間物屋などの広告が続いている（上演時の配布冊子か……早稲田大学中央図書館蔵）。

まず情景図、（1）黄河口日軍群営、（2）新聞記者於戦地救少女之急、（3）天津關門ニ臨時ノ警衛、（4）天津野外之戦闘、（5）北京中央電信局、（6）北京市街之火災附記者之遭難、（7）北京城内軍獄比良田水澤之慷慨、（8）李将軍面前記者之痛論、（9）渤海灣海戦清艦之沈没、（10）渤海波濤尉官ノ涙、（11）日軍大進撃秋山桂藏之節義、（12）日清之憤闘、（13）大日本軍隊突進之武勇。

これらの口絵を見ると場面が推察でき、水と砲火と煙、電信等々、当時の最新の道具と仕掛けが使用されたことがわかる。背景画の数多い転換も「北京占領」に類似しているし、国際法に関する論争場面や牢獄の使用なども似ている。

情景図と配役表を比べると、（1）（2）が序幕、ここには川上は出ない。水澤記者の藤澤浅次郎は出ていて、居留地商人の娘春田志げ（石田信夫）を支那人から救う。（3）（4）が一幕、川上が登場、勇ましい戦闘場面がある。（5）（6）が三幕、川上・藤澤・石田の場で、電信局で電信を打っていて彼らは捕まる。(7)(8)が四幕、川上と藤澤が野外で捉われている絵が(7)で、李鴻章の高田實が登場し縛られた比良田が引っ張られてくるところが(8)、川上と高田の論争場面だ。両俳優の見せ場である。

ここでガラッと変わって(9)(10)が五幕、高田が海軍大尉で活躍し、日清軍の海上の大激戦で船と火と煙と水が出る。(11)(12)が六幕、川上はこの場で陸軍軍医熊坂の役で兵士を治療する。先に引いた新聞報道で北里柴三郎が連れてきた香港の病院長に褒められた場面だ。燃えさかる城から逃げる支那人の姿がある。(13)は七幕、最後の勝利の場面、居並ぶ日本兵と清国兵がいる。

こうしてみてくると、「北京占領」は、余分なロマンティクな場面があって一貫性に欠けるが、川上の「日清戦争」は、筋に一貫性がありエンターテイメントとして成立するポイントが押さえられていることがわかる。これでは観客が押し寄せる筈である。

川上一座の評判について、白川本にない劇評を松本伸子が数多く引いている。都新聞(九月二日)、二六新報(関根黙庵評九月四日)、国民新聞(斬馬剣禅評九月四日)、東京日日新聞(梅痴評九月四日)、国会(九月四日)、読売新聞(芋兵衛評九月五日)、毎日新聞(九月七日)、郵便報知新聞(贋阿弥評九月七日)、『別世界』(女軟子評一〇月)等々で、それぞれが何故これ程人気が出て満員なのかを述べている。

順次目に付く部分を引くと、都新聞の「我帝国軍人の威厳を示す勇壮活發暴に失せず能く其真を示して目的に背かざる」に始まり、二六の「新しきを好むと言ふ人間普通の傾向にうまく嵌りしため」、国民の「趣向の壮絶快絶なる事、道具を十分見せる事、（十三幕に十二はいの道具を変えたり）次に舞台の変化多かりし事、次に出演者（役者とは言はず）の沢山なりし事、其次に最も賞すべきは書生芝居独特の妙なる事実に近き技藝を見せ（略）戦争の有様が事実として受取られ（略）堀越（団十郎…井上）と雖も遠く及ばざる所」、東京日日の「清国の風俗戦地の光景等都《すべ》て実況を模する」、国会の「立廻りは恰も実戦を見るが如く殊に天津野外大激戦の場、渤海湾の沈没する場などは拍手喝采桟敷も崩るゝばかり」、読売の「孰れも日本人の艱難を顕はすもの多くして是れ亦志気を励ますの一に相違なきも（略）陣鉦太鼓大小砲の音にて耳も聾するばかり（略）例の鼠花火同様なるピチ〳〵」、毎日の「時事的演劇が本領なる川上一座（略）人波は渤海の怒涛威海衛の岸を喫むが如く」、郵便報知の「『新聞記者』を立者とせし演劇は実に這回《こたび》をもて嚆矢となす（略…川上が）朝鮮の独立より延て国際法の通義を論ずるところ的是れ旧俳優の夢想にだも浮かばぬ一種の特技（略）道具の巧妙なると油絵風書割の精緻なると俳優の頭数の多きとは歌舞伎座といへども徒跣して数十歩の却走すべし」、雑誌『別世界』の「初物を賞味するもの七十五日生延ることを得」まで、川上演劇の特色をよく掴んでいる。

これらの評を見れば、シャトレ座の「北京占領」を上手に利用して余計なものは省き、日本バージョンの勇ましく実際的な舞台を生み出していたことが理解されよう。と同時に批評は、どこまでいっても歌舞伎との比較でなされていることもわかる。俳優たちの演技なども同様で、

「事実に近き技藝」に惹かれ自然らしさに満足しながら、他方ではまだまだ歌舞伎俳優の演技を良しとしているのである。劇評にはなかなか近代はおとずれない。

川上一座の「日清戦争」の成功を、渡辺保は「明治維新以来徐々に近代化しつつある演劇地図を一挙に塗りかえるものとなったのである。その意味では演劇界にとっても運命的な戦争であった。」と位置づけた。それは歌舞伎と新演劇との戦争芝居の取り上げ方の違いが大きく異なっていたからであった。科学的でスピードがあり、実戦に類似した近代的な新演劇の戦争劇と「義太夫狂言の『物語』と大してかわらぬ描写」(渡辺)の歌舞伎の戦争劇(福地桜痴「海《かい》陸《りく》連《れん》勝《しょう》日《あさ》章《ひの》旗《みはた》」)とでは、新しい時代の市民たちがどちらを選ぶか目に見えている。松本伸子が、大笹吉雄が、そして渡辺保が主張するように歌舞伎は、現代劇ではなく古典劇として生きざるを得ないことをこの時、決定付けられてしまった。それ故に「運命的な戦争」となったのだ。

ここで初めて現代劇と古典劇の歩む二筋の道が誕生する。しかし歌舞伎界も劇評家たちも、そして当の川上たちもまだそれに気づかなかった。

しかも団十郎と菊五郎の「海陸連勝日章旗」(一一月)の大失敗で、歌舞伎座は年内休業を余儀なくされる。そしてこれが遠因で川上の歌舞伎座公演が可能になったのである。

9　渡韓から東京市祝捷大会

浅草座の公演を一八九四（M27）年一〇月初めに打ち上げ、横浜湊座「日清戦争」の上演広告が新聞に載ると同時に、川上の渡韓が伝えられる。戦意高揚の時、川上のビック・ニュースを新聞は争って報道する。「日清戦争に関する演劇上の材料を実地に取り調ぶる」ため「仁川京城は申すに及ばず陸路平壌に出でて戦後の実況を取り調べ夫れより進んで義州、鴨緑江の辺までも進んで戦現を観察し」（中央新聞一〇月一〇日）と報じられたのち、「朝鮮國へ従軍渡航に付新橋出發は來る廿二日午後九時五十分　川上音二郎」（都新聞一〇月一六日）の広告が載る。川上は朝鮮へ出発したが、残った一座は川上の役（新聞記者）を小織桂一郎に振って一一月中、名古屋末廣座で公演する（二の替りは「又意外」）。連日大入りを取っている。

一一月二一日に川上が帰国する。東京市村座の帰朝公演が待っていた。川上と市村座の共同で出した口上は「当初の目的を遂げ大同江、平壌、九連城其他各戦地の実況を探り得て無事帰朝致し愈々来る三十日より川上音二郎戦地見聞日記と題し開場仕り候に付倍旧の御愛顧あらん事を奉希望候」（中央新聞一一月二五日）である。「戦地見聞日記」は「素的も無い外題」と評されたが、歌舞伎の外題にほど遠いこれが、現代的実際的でよかったのである。

市村座で一二月三日に初日を開けた「川上音二郎戦地見聞日記」は、連日の大入り満員で観客は日清戦争の興奮を舞台にまで持ち込んでいた。あくまでも〈実〉に近くと登場人物に実在の名前を使用して検閲にひっかかって改め、川上は〈戦地観察俳優〉と〈釈元恭改め武田元恭〉の二役で登場する。大喜びの観客が芝居に夢中になりすぎて、舞台上の清国兵に「煙草盆を打付けさま舞臺へ飛出し兩肌脱ぎて飛びかゝりたり、（略）観客一同總立となつて日本人負るな、支那兵殺せと絶叫せし騒ぎに警官來りて之を制し」（都新聞一二月七日）、等という大騒ぎは度々あった。

東京市民の大騒ぎは、国を挙げての大騒ぎでもあったのだ。既に八月には博文館から『日清戦争実記』（一八九六年一月まで）が刊行されていたし、九月には原田重吉の活躍で平壌の玄武門が陥落し、一一月二〇日には日本国は朝鮮国王に内政改革要領への同意を要求、翌日には旅順口占領等々が知らされて沸き返っているときに、川上の「見聞日記」の初日が開いたのだ。「火事と喧嘩」が大好きな江戸っ子気質を持ち合わせている東京市民だ。市村座に客が押し寄せるのは必定であったろう。

その六日後一二月九日に「東京市祝捷《しゅくしょう》大会」（主催者―東京市祝捷大会）が日比谷公園で開催された。日比谷公園は元練兵場であった。三崎町三丁目と同じだ。政府は東京の中心に初めて広大な公園を作る予定でいたが、この時はまだ原っぱで祝捷大会を開くのに丁度いい場所であったのだ。木下直之がその祝捷《しゅくしょう》（…祝勝）大会の様子を記している〔注8〕。川上一座の〈本当らしさ〉どころか、それ以上に驚くようなことが分かる。『戦国写真画報附録　東京市祝捷大会』から写真が引かれていて、まず「日本橋通街上の盛況」で旗や提灯と人波で大混雑している様子を見ることが出来る。当日は各戸の軒に「祝捷」「奉祝」の提燈が役所の指示で下げられていたのだ。

〈驚き〉はたくさんある。平尾商店が「分捕しゃぼん」（海陸連勝）という名の石鹸を発売し売れに売れた。「分捕」とは「切り落とした敵の首」だそうで、「分捕しゃぼん」デザインは高村光雲だ。「都新聞社の龍の首」の広告や「自由新聞社の切首提灯」の広告、笹にぶら下げた首が並んでいる「おもちゃのふうせんたま」など…。哀しげな清国兵の首が下がっていて「おもちゃ」などと喜んではいられない。しかも「清兵の首に擬したる軽焼」の売れ行きがいいと言うのだからやりきれない。日本人の残酷さを見る思いがするのだ。

極め付きは何といっても上野公園に陳列された分捕り品（「征清捕獲品陳列之図」）で、不忍池旧馬見所の前に並べられた。木下によれば戦死病没者を悼んで不忍池の畔に松を植えた場所に捕獲品――戦利品が公開されていた。左右に鎮遠号（清国軍艦）の大錨、前列に巨弾一〇個、これらは「鉄柵に換られ、新竹地方の竹一叢を松に並べて栽られた」、すべて「人心を奮起せしむる」ためだという。写真には、たくさんの人々がこれを眺めている図がある。こうした戦利品の陳列は「戦意高揚をもたらす効果が認識され」て市内各所に設けられたという。

川上が戦地視察に行き、帰国後に戦場から持ち帰った「衣服・刀・劍・旗幟・軍帽其他種々の物を剥奪して持歸りたれバ此度の演劇にハ件の實物を利用し」（読売新聞一一月二五日）と殊更報じられた理由も分かる。戦利品陳列と同じなのである。実際に使用したか否かは不明だ。

そして上野公園に玄武門が出現する。もちろん仮設の建物である。九月一五日に平壌が陥落しているから、祝捷大会にこの門は重要な陳列物であった。

白木屋は店内に「平壌の玄武門を織り出した緞子を張り廻らせて遠景」とし、その前に「玄武門破りで一躍英雄となった兵卒原田重吉が清国兵を左足で踏みつける人形」を飾る。川上の「日清戦争」には平壌陥落前なので出てこないが、川上の留守に名古屋で藤澤たちが演じた二の替り「又意外」公演の時（一一月）、藤澤は臨機応変に対応して中幕にこの原田の「勲功」の場を設けた。原田は名古屋出身であったから市民に喜ばれてますます連日客が入ったのである（読売新聞一一月一三日）。評判の悪かった歌舞伎の戦争芝居「海陸連勝日章旗」（一〇月）にも玄武門が登場している。原田重吉（芝居では澤田重七）を菊五郎が演じてこれを登ったといわれている。

大会に集まった人々の数は「凡そ四万人」（萬朝報）で、二重橋前の万歳三唱が最初の公式行事。まだこの戦争は終わっていないから天皇は広島の大本営に居る。にもかかわらず「祝捷大会」なのだ。不在の神に（皇居に）向かって万歳が叫ばれた。そしてこの大会には皇太子の出席が予定されていた。

一二月三日昼に開場した市村座と川上は、一二月八日に「來九日はやすみませぬ」と報道する（萬朝報）。それは川上一座が九日の東京市祝捷大会に参加して「行列の先鋒となり玄武門乗越えを演ずる」予定という情報がながれていたからだ。が、皇太子が川上の芝居を観たいと言ったことから予定が変更され、上野博物館前（野外芝生上）で「日清戦争」を演じることになる。「行列の先鋒を見合せ」午前中に「御覧済の上ハ市村座に引揚げて平日の通り同座を開場する」（都新聞一二月九日）と報じられる。そしてこの日予告通り一二時半に市村座は開場、大入りで札止め、同座再築以来の売り切れで大入り蕎麦がでたという（都新聞一二月一一日）。

「日清戦争」は「殊の外殿下の御機嫌に叶ひ日本兵が支那兵を追ひ廻はす処にては深く興に入らせられ我れ知らず御座を離れ出で給ひし程にて『面白き演劇なり』との御賞美の御辞を下し給ひしよし何寄の名誉といふべし」（中央新聞一二月一一日）と報道され、川上は又もや時の人になる。市村座も茶屋も大喜びで日延べを望んだが、一座は横浜港座（湊座）との約束もあり、二三日で大騒ぎの「戦地見聞日記」公演を終える。

興味深いのは、川上が皇太子の前で「日清戦争」を演じたことについて「名家眞相録」で何も触れていないことだ。藤澤浅次郎の回顧談にも出てこない。世間は「名誉なこと」と大騒ぎであったが、川上たち一座にとっては、宣伝興行位の位置づけであったのかもしれない。

川上一座は一八九五（M28）年の正月興行「戦地見聞日記」を横浜港座で開場した。連日大入りで「空しく歸る者多く」（都新聞一八九五年一月五日）と伝えられた。居留地の外国人観客も「川上熱に浮かされて連中を募り」百五〇名もの總見があったと言う。同地では蔦座で菊五郎も公演していた。こちらも川上程ではないが大入りだった。つまり旧劇と新演劇という二通りの演劇を観る観客層が誕生したことを意味する。横浜という狭い範囲を考えるとその人たちは別々の人間ではなく、旧派と新派の両方の特徴を理解し好む観客だったと推測される。つまり古さと新しさとの同居が可能になったのだ。これはこの後東京に戻って菊五郎が新富座で「栗田口」「鎌倉三代記」を出して大入り、他方市村座の川上一座公演も大入りが続いたということでも証される。日本の現代演劇の新しい時代が確実に始まっていたのである。

注記

8）木下直之『戦争という見世物』（ミネルヴァ書房二〇一三年一一月）。この本は二一世紀から一二月九日にタイムスリップをするという構成で記述され、時間が行ったり来たりする。たくさん詰まった知を綴りながら遊び心で「見世物」を楽しんでもらおうという意図だと推測されるが、時々、現在と過去とが入り混じり分かりにくくなるのは否めない。「日清戦争」なのでここにも当然ながら川上が登場するが、岡本綺堂文を引いているから氏も川上については岡本と同様の視点であるようだ。

第三章

文芸作品の上演と川上座

開場当時の川上座。大谷図書館所蔵資料より

1　市村座初春興行　一八九五年

市村座の初春興行の予告が報じられた頃、三崎町川上座建前の広告が出る（都新聞一月二六日）。実際の上棟式は三月三日に挙行されるのだが、決定からずいぶんと時間が掛かっている。これについて川上は次のように記していた。

日清戦争芝居で儲けた金を以て、セメントと煉瓦を買つたり、叉或時には四圓五十錢でセメントを一樽だけ買つた事もあつたので、つまり金のあるだけづゝ仕事を運んで行くのだから、一向はかゞ行かない、（略）漸くの事で棟上げをするまでに成つて見ると、一時に費用が掛る事になつて来て、無《よんどころなく》檍高《たかぶかし》歩貸の金も借りなければならない事になる（「名家眞相錄」）

どんなに客が入っても個人で大劇場を建てるのは無謀なことで川上の困難さが伝わってくる一文だ。川上が資金繰りに困り、ついに高利の手を借りたこともわかる。結局これに足を引っ張られることになるのだが、それはまだ先のことだった。

さて、市村座の初春公演に川上は新作「戦争余談　明治四十二年」を出す。これに女優を参加させた。市川粂八（守住月華）と弟子の市川かつら（加藤てる）で、いわゆる女役者の彼らは本名で出演する。この対応も新演劇という存在を意識したものである。この公演のあと粂八は健康を害して出なくなるが、加藤てる（加藤かつらとも称された）は度々川上の舞台に登場して若々しい華を添えている。一座に女優が参加していたこともこれまであまり話題にされなかった。序幕から二幕までが「明治二十七年」三幕から大詰までが十五年後の「明治四十二年」ということで、外題が「戦争余談　明治四十二年」となった。あくまでも「戦争」がついている所が、重要だった。

場割りと主な配役をあげる。序幕　牛込早稲田藤村邸の場（藤村夫人・守住、乳母・石田信夫）、藤村少尉負傷の場　一二月雪景色（軍夫岩田林三・高田實、軍曹都筑・小織桂一郎）、二幕　金州城外日軍哨兵の場　雪の降る中（藤村・藤澤浅次郎、岩田・高田、馬丁有馬清蔵・川上）、第二軍野戦病院の場（藤村・藤澤、看護婦実は藤村夫人・守住、清蔵・川上、軍夫岩田・高田）、三幕　早稲田岩田林三宅の場（岩田・高田、手代河合・中野信近、下婢おせん・丁無南、粟津・小織、熊谷爲蔵・藤澤）、招魂社祭礼の場（清蔵・川上、役場員日野・小西福一郎、同品川・柴田善太郎、区長助役岩田林三・高田）、四幕　区役所区長室の場（老区長丸山・岩尾慶三郎他）、岩田宅奥座敷の場（岩田・高田、清蔵・川上、区長丸山・岩尾）、五幕　有馬小太郎内の場（藤村の娘初子・加藤かつら、藤村下女お徳・藤澤、有馬小太郎・河村昶）、水車小屋の場　夜水車の音響く（岩田・高田、清蔵・川上、藤村夫人・守住）、大詰　公証役場大団円の場（清蔵・川上、公証人桜井・小織、岩田・高田）。

特に〈雪の降る場〉や〈水車小屋の場〉の舞台つくりが絶品であったようだし、また、川上一座は開幕の合図に電気の音（つまりベル）を鳴らしていたようだ。

この作品は、フランスから持ち帰った弁護士磯部四郎の「意匠に基き座附作者岩崎氏が寄稿せし」（読売新聞一月一四日）ものと報じられたが、場割りを見ると分かるようにこれまで同様日本バージョンになっている。日清戦争が題材の芝居かと思えばそうではなくて戦争場面は二幕の藤村が負傷する場だけで、藤村家の財産を廻る軍夫岩田、後高利貸及び助役岩田の陰謀財産略奪の話である。その点では旧派の舞台でもよく使われる話で新鮮味はないが、二つ程興味深い点が見出される。

一つは松本伸子の指摘で、磯部が「パリで見た普仏戦争劇の筋を川上に与えて、（略）川上自身も勇敢な兵士の役よりも朴訥な俄か唖の苦衷を表現する方に熱心だったようだ」（196頁）と記したこと。

川上の役は「野戦病院の場」で藤村から財産に関する遺言の「暗号」（歌・人しれず思ふ心ハ春かすみ…の上の句）を聞く。これを陰で岩田が聞いていて後に清蔵を陥れる。清蔵はこのあと病に倒れて外国で療養し、一五年後に「招魂社祭礼の場」で戻ってくるが、話せない「唖」になっていた。しかも彼は「文盲」でもあったから筆記して夫人に伝えることもできない。最後の大詰で唖が治り遺言を伝え〈めでたしめでたし〉で終わる。この筋のいい加減さが批判されるのも理解できる。

さて、これは推測であるが、磯部の見た普仏戦争こそがシャトレ座の「ミシェル・ストロゴフ」であったのではないか……ということだ。主人公ストロゴフは彼の芝居では盲目を装っていた。「明治四十二年」で川上はそれを唾にしたのだ。この役は年齢も一五年の開きがあるから演じ甲斐があり、しかも俳優として内心の演技力を要求される面白い役である。これは川上が単なる戦争芝居に飽きてきた証拠でもあるだろう。川上は人物の内面（心理）を表現する演技に興味を持ち始めていたのだ。

今一つは今回筋を読んでいて気付いたことで、権力と財産を狙い姦計で陥れられ一四年間囚われていた（この作では病臥していた）という設定は、デュマ・ペールの「モンテ・クリスト伯」（一八八四〜八六年）に似る。川上の情報を度々載せていた萬朝報の創刊者である黒岩涙香が、丁度この少し前に「モンテ・クリスト伯」の翻案小説「白髪鬼」（M・コレー作『復讐』）を訳出していた（一八九三年）。恐らく川上は二つの話から取捨選択して筋を作り、特に「モンテ・クリスト伯」にあるロマンティックな恋愛部分を省いて、それに替る愁嘆場や論争場面を入れながら日清戦争に結び付けたと思われるのである。

川上は戦争芝居とは異なるもの、〈虚と実〉のあわいに観客を誘い込むことの出来る何かを探し始めていたのだ。評者はそれに気付かず、戦争芝居の是非・演技術の是非・筋の破天荒さの否定ばかりを説いていた。しかも清蔵は馬丁で、その息子小太郎が医師で少尉の藤村の娘初子と祝言するという身分違いの結婚の設定が、「我邦の人情に適せざるべし」と階級的断をくだされ、清蔵が「彼の地で病臥」したというは、捕虜になったということだと推測して「何れの國にも適せざるべし」等という批判も出た（都新聞二月八日）。川上の提出した新しさはなかなか受け入れられないようだ。が、同じ都新聞に載った皎潔坊の批評は客観的で批判もするが絶賛もするそれで「満都の士女諸君よ一日も早く往きてその妙味を探り給へ」と好意的批評で結んでいる。高田の悪役と川上の心情あふれる演技が良く、二役の藤澤にも感服し、女優の加藤かつらの娘が「その容貌の艶麗なる形あしき節なきにあらざるもその技藝の前途頗る多望なりといふべし」と書いた。女優の登場が、現代演劇における偽の女（女形）を脅かす存在となるのもそう遠くないことをこの批評は告げていた。しかし何度もいうが、旧態依然とした批評家たちは川上の新しい試みには気づかなかったのである。

戦争人気に便乗した作品ではあったが、市民はまだ勝ち戦に酔いしれていたから相変わらずの大入りであった。

この公演に子連れ夫婦の観客がいた。上演中に子供が泣いて、母親が退席するという出来事があった（二月二三日）。川上が休憩時に子連れの観客に退場を申し出たとして事件になる。実は出方に「注意をうながした」だけなのだが誤解されたのだ（読売新聞三月六日）。川上は「傲慢無礼」だということなり、以後川上に対する中傷や批判的な記事が新聞に数多く出る。現在なら当たり前のことが、当たり前で無かったのが〈明治〉で、何か事が起こると俳優という職業を観客たちは、自分たちより下にいる存在と位置づけ、たちまち猛攻撃にでる。川上は〈中傷〉には「近來頻りに事實無根の事を以て小生を中傷せんと計る者有之候」がご贔屓様には「御介意無之様此段謹告仕候也」（二月二八日）と広告を出す。こうした広告はこれまでも度々川上は出している。他方で〈建築資金集め〉に走り、しばらくの間悩まされるのである。思えば、風聞の恐ろしさは世の中に登場した時から知っていて、その上で新聞を宣伝に使ったのだからマスコミというジャーナリズムの餌食になる可能性を初めから秘めていたのだ。川上に関する記事は、良きにつけ悪しきにつけ話題になったからこの後死ぬまでついて回ることになる。

その上、川上一座の俳優たちの技量が上がり、新演劇がもてはやされるようになってきて、一座から独立する座員が出た。水野好美、伊井蓉峰、木村猛夫、喜多村六（緑）郎、福嶋清、矢野勘二郎、佐藤歳三らである。川上同様に彼等もそろそろ戦争芝居に飽きていたのだろう。新演劇集団の分散化で、いよいよ本格的に〈明治〉に誕生した新演劇は拡散と定着という広い裾野を持つ現代劇への歩みを進めることになる。

川上一座は市村座を打ち上げると、これまで通り川上・藤澤・高田を中心にした巡業に出る。名古屋・若松・博多と「戦地見聞日記」「楠正成」「又意外」「日清戦争」を交替で出して四月末まで東京を離れる。もちろん建築資金稼ぎの旅であるが、どこでも満員大入りが続いた。四月二九日に帰京という広告が都新聞に載る（四月三〇日）。

2　歌舞伎座初登場

歌舞伎座の舞台は皐月（五月）公演であった。座主は金融業の千葉勝五郎である。川上が歌舞伎座で公演をすることになる事情を渡辺保は概ね次のように述べた。

歌舞伎座の正月興行は団十郎と九蔵の「先代萩」で開く。初日以来何日かは大入りであったが、元々関係の良くなかった二人の俳優は舞台上で演技の争いに発展して客が来なくなり幕を下ろす。昨年同様に歌舞伎座はまた閉場が続いた。

舞台上の演技争いは芝居をつまらなくさせる。それを見抜いた明治の観客は大したものだと思う。

金融業の千葉は困ってしまいあちこち相談したのだろう。その千葉に川上を紹介したのは関根黙庵であった。渡辺は関根が川上を千葉に紹介した理由は記していないが、わたくしは以下のように考えた。

当初、関根は川上の舞台に批判的な批評家であった。後年当時を振り返って演劇史を書いた時、日清戦争上演前に「又意外」で好評を博して以降の川上について次のように整理している。

「其の好評に次いで、従來單に好奇心のみを以て對した一般の觀客《けんぶつ》が、更に新演劇を眞面目なものとして見るやうになりこれに勵まされた俳優も亦今迄の不眞面目な━單に觀客の好奇心を唆《そそ》る如き━━態度を改めて、漸く眞に演劇としての立脚点が、其の觀客にも其の俳優にも、認識せられる迄の發展を遂げました時（略）日清戰爭が起こつた」（『明治劇壇五十年史』玄文社一九一八年六月）、そして戦争芝居に成功し演劇地図を変えたという。関根は、この時期には川上の仕事を認めていたのだ。故に必ず当たる戦争芝居ということで紹介したと推測される。

渡辺は、〈昨年団十郎と菊五郎の戦争芝居が不入り不評で大損をした千葉は、川上に会い周囲の反対を押切って〈川上の戦争劇〉を歌舞伎座にかける決心をした〉と記す（渡辺保『明治演劇史』）。

上り坂の人間は、誰をも魅了するものだ。川上は千葉に気に入られて歌舞伎座初出演が決まる。二番煎じは出せないから新作を出さなくてはならない。都合がいいことに二月二日に威海衛が陥落し、北洋艦隊の司令官丁汝昌は降伏する。これに川上は目を付けた。そのまま名前を使って「威海衛陥落」、これを歌舞伎座に出すことにする。四月一七日に日清講和条約が調印されていたが、三国干渉で遼東半島を清国に返還しなければならなくなった日本は、講和調印にホッとする間もなく台湾島民が反乱を起こして台湾島へ軍隊を派遣しなければならなくなる（台湾については5節で後述）。天皇は未だ広島の大本営にいて宮城（皇居）を留守にしていた。次の〈騒ぎ〉が始まっていたからだ。

歌舞伎座の開場は五月一七日（〜六月九日）で、岩崎蕣花脚色「威海衛陥落」（上中下）とビクトル・ユーゴー原作広岡柳香脚色「因果燈籠」（九幕）の二作品、新作であった。どうみても幕の多い「因果燈籠」が主だ。もちろん川上は前者にも後者にも出る。戦争物と文芸物という組み合わせで目先を変えたのだろう。川上は、戦争物の次を文芸作品、それも大衆の喜びやすい探偵物で様子を見ようとしていたのだ。単純に考えればギリシャの「オイディプス」も〈犯人捜し〉であるし、それを種にした「又又意外」も探偵物で大当たりしたから川上にとって探偵物は成功が見込める題材だった。外国種は川上も出発時（「経国美談」）に出しているし、歌舞伎でも散々上演しているが、その上の新しさを求めるにはシェークスピアやモリエールなどの古典ではない、より現代に近い文芸作品ということとなる。

「威海衛陥落」と「因果燈籠」の場割りを引いておこう（都新聞五月）。

一番目「威海衛陥落」は、上の巻　横浜波止場の場、福富町裏屋の場。中の巻　九皐村野営の場、鳳林集街道の場。下の巻　威海衛占領の場、劉公島官邸の場、で終わる。最後の場は丁汝昌の官邸だ。丁汝昌は高田實が演じ、支那商人顔美惠は岩尾慶三郎、その子米田慶三は川上、藤澤は洋妾《ラシャメン》をあさに扮した。川上・高田・藤澤・岩尾・小織の評判が良かった。

二番目「因果燈籠」は、第一　大磯松濤館島田部屋の場、第二　大磯濱邊月夜の場、第三　跡部晋一郎別邸の場、第四　大磯島田英太郎部屋の場、第五　芝神明前水茶屋の場、第六　赤　赤坂裏町清太内の場、第七　芝公園松原の場、第八場　本郷森川町跡部邸の場、第九場　芝愛宕

町警察署訊問の場、第十場　神田お茶の水土手の場、第十一場　鍛冶橋監獄接見の場、第十二場　未決監清太監房の場、第十三場　島田英太郎監房夢の場、第十四場　地方裁判所法廷の場。

島田は岩尾慶三郎、跡部は柴田善太郎、盗賊飯田清太（仙太）は小織桂一朗、馬島威が川上、威の弟が藤澤、そして跡部令嬢芳子をかつら、氷屋の娘を河村、両者共その美しさが評判だった。高田は端役の酔漢と裁判長で付き合う。

中央新聞が「初日以來は非常の好景氣にて一昨十九日の如き日曜とはいひながらまたやう〳〵三日目なるに土間も桟敷も爪さへ立たぬ大入にて早速當日大入札を掲げしとの事なるが大劇場にて三日目に大入を掛けしは近年珍らしき事なりといふ」（五月二一日）と報じ、「馬鹿な景気」と言われるほどの売切れ、立ち見も出ていて呆れられていた。

「威海衛陥落」では丁汝昌役の高田實の演技が好評であった。歌舞伎を見慣れている評者からみると高田の演技は目に適う技術的なものであったのだ。「因果燈籠」［注1］は一応文芸作品の脚色であったが劇評家の批評はよくない。あまり取り上げられない批評で〈良し〉としたものがあったからまずそれを見よう（都新聞「歌舞伎座新演劇」五月二二日）。無署名評だ。

二作品共「其脚色《しくみ》面白し併し二番目に至りてハ多少の非難を免れざるべし左りながら西洋小説を取つて我邦の人情に適合せしめたる作者の働き賞すべく之を思へバ少しの非ハ咎め能《あた》はざらん」として、無名子はなお続ける。「只美術の一點にのみ流れずして美の内に教誨的の趣味ある完全の劇なり」と新しい試みを評価する。「美術」はおそらく「芸」を意味すると思われるが、芸中心ではなく内容が、「教誨的」でいいというのだ。悪者を舞台に出してそれを謳歌する歌舞伎芝居の内容を意識していたのかもしれない。

次に「威海衛陥落」の川上の演技を取り上げている。川上の演技も劇評家には批判されることが多いからみてみたい。

川上音二郎の米田慶三、技藝巧なりと云ふにあらねど流石ハ一座の旗頭、貫目十分にて出さへすれバ聲の掛るハ大した人気なり兵服を着けて支那人と父子の別れを惜むハ世間の手前恥かしく且ハ出陣前に尖先《きっさき》なまるとて母の勧むるも肯ぜず其儘に止む仕打よく陣中に捕虜となりし實父を庇い同僚に怪まれ其上官の權威に屈服するあたり實地に見るが如く同僚の嘲りを受けて無念に忍び是ガ反動力より抜群の功を顕さんとの勇氣を發し大勢の清兵を追拂ひ二度三度敵に奪はれたる聯隊旗を取戻し山上に駈上るとき銃丸に中《あた》りて苦しみながら敵陣を占領して苦しき息の許に帝國萬歳を祝してのセリ上げ目覺しく一座始めての大道具なり

歌舞伎座は大劇場でセリも廻り舞台もあった。川上一座には初めてのことで、それを「セリ上げ目覺しく」と評されたのだ。この歌舞伎座体験も〈川上座を大劇場にする〉と川上が固執

した要因の一つになったのだろう。

ここでは川上の死の場面が記述されている。前章でも触れたが、川上の舞台に〈死〉の演技が登場するのは常態になってきたようだ。無署名氏は二番目の馬島威の演技についても触れている。「馬島威ハ拵へ萬端申分なく何處までも手強くて善し（略）大詰の打出しも矢張り清太を投《なぐ》り付けるをキツカケにした方引立ちて見物も喜びなんカ」

この川上の演技は、三年後川上座で「幻影」（［注1］参照）の名前で上演された時、川上の役を藤川岩之助が演じて「藤川の馬島威、始めから此の優ならんにハ申分ハあるまじ左れど川上のを見た目にハ團洲を見た後で八百藏を見る心地せり」（そま人「川上演劇《しばい》」都新聞一八九八年七月二一日）と評されていた。両者ともに歌舞伎を基準にした劇評であることがわかる。この歌舞伎基準が変わるのは、後述する「金色夜叉」上演まで少なくとも待たなければならないからそれまで一座にとっては古い批評方法との闘いでもあったのだ。

さて『帝国文学』の「川上劇を警む」をあげよう。舞台の様子がよくわかる批判文だ。

技藝の如きも愈々遠く卑陋《ひろう》なる写実の一方に偏れり。夫の砲声と殴打と格闘とを以てさも得意の技藝らしく、うるさきまでに反復するが如き、予輩将に嘔吐に堪えざらんとす。表情術は彼等に於て殆どあること無し。故に其動作凡てきたなく、くどく、うるさく、露程の美はしき処だになし。最高の技術は自然と現実とを模倣するの外に存することを悟らざるものは美術上無縁の衆生と謂つべし。斯る支離滅裂なる筋（註・「因果燈籠」のこと…松本）に加ふるに此生呑活劇の末枝を以てす。之を喝采する満都多数の好劇家の嗜好の如何に高きかを想へば、予輩は我演劇改良の前途尚茫々たるを浩歎せずんばあらず。

（筆者不明、一八九五年六月号、松本『明治演劇論』から引く。）

都新聞批評への反論であるかのような一文だ。大衆に好まれる演劇は、多くが粗野で野卑・下劣な部分を持つことは世界共通で、今も変わらない。それは大衆の内部（心底）にそうしたものを好む部分があるからだ［注2］。にもかかわらず高尚な美しき芸術のみを善とする人たちには理解できない〈粗野な下劣な演劇〉に新しさや斬新さを敏感に受け取ることが出来るのもまた、大衆なのである。

この公演の途中に「川上演劇ハ　皇帝陛下御着輦之當日卅日　休場　翌卅一日より開場　歌舞伎座」と川上一座の舞台休場が報じられる。天皇のご帰還である。五月三〇日にようやく東京に戻ることができたのだ。戦争の終結である。戦争物で客を呼んでいた川上一座や他の新演劇集団は、いよいよ〈次〉を考えなければならなくなる。

注記

1）松本は森田思軒訳『幻影』というが（196頁）、確認できなかった。白川宣力は、「川上音二郎とフランスものの上演」（『早稲田大学理工学部人文社会学研究』16号一九七八年三月）で「V.Hugo ? 森田思軒が〝幻影〟と題して報知新聞に連載したものとか」と記していたが、後の『川上音二郎・貞奴』では「仏・ユーゴー原作、広岡柳香脚色」と記している。三年後に川上座で「幻影」（森田思軒訳）を上演する。歌舞伎座上演の「因果燈籠」を「多少改作したもの」と「上演略年表」で白川は記している。これについては後述する。

2）近年森話社から大衆と演劇に関する本が出ている。藤井康生著『幻影の「昭和芸能」』二〇一三年七月、神山彰編『忘れられた演劇』二〇一四年五月。

3　又又、歌舞伎座出勤

初めての歌舞伎座登場は日延べ大入りの中打ち上げ、七月に横浜港座で「戦争余談明治四十二年」を半月上演して、また歌舞伎座に戻る（七月一四日〜八月一日、大入りで日延べ）。今度も新作、「誤裁判」（関根黙庵・岩崎蕣花脚色）と「大江山酒呑童子」（福地桜痴作）である。注目は前者で冤罪を扱った実際にあった話だった。法律は明治になって大衆の興味を集めたもので、近代的な裁判は常に話題の種であった。法学士や判事、弁護士が舞台にしばしば登場している。第一章で触れたように川上はかなり早くから「裁判物」を舞台に上げている。今回関根が脚色に加わったのは、初登場の「因果燈籠」の筋が〈支離滅裂〉などと批判されたからかもしれない。実際にどこまで脚本に手を入れたかは不明だが、川上を推薦した手前名を連ねたのか、あるいはこの後高田等を誘って一座を組むから、関根の考える新演劇を作りたかったのかもしれない（これについては8節で後述）。

簡単に「誤裁判」の場割りと批評に触れよう。

序幕　飯原雪江宅の場、二幕　飯原宅の裏庭の場、森寺宅裏口の場、極楽寺墓所の場、三幕　森寺宅の場、警察署の場、四幕　花月樓宴會の場、五幕　監獄署絞罪の場、大詰　雪江天國逍遥の場。

この舞台も初日から満員で「川上演劇の如何に江湖に喝采せらるゝかハ知られなん」（皎潔坊　都新聞七月二三日）と「歌舞伎座川上演劇略評」に書かれる。この皎潔坊批評もこれまで殆ど触れられてこなかった。署名入りでは一座への二度目の評だ。長い批評なので目に付くものをいくつかあげたい。

主役の「清貧に安んずる漢学者」雪江《せっこう》は川上、容貌風采が中村正直に似ていると言われた。序幕は、森寺半十郎（岩尾）から向けられた執達吏・堀深仙作（服部谷川）の無法（飯原の家財を差押え）に雪江が古鎗で無礼無体を「打懲さんとする所、痛快に堪へざりき」と評される。

二幕、雪江と森寺傳三（高田）の二人の対立があり、これは「一日の見物《みもの》」であったようだ。この場で傳三の暴言に耐え切れなくなった雪江が一丁の鋤で続けさまに傳三を手据える所「快云ふべカらず。」

三幕では岩尾の森寺半十郎が余りよくなく、高田だったら良かったのにと慨嘆。この評者は岩尾に点が辛いようだが、岩尾は地味な俳優であったらしい。

四幕、澤田判事（小織）に向かい、斎藤實（藤澤）と岩田晋（中野）が早計に雪江を死刑に決したことを責める場で、議論について、これは新演劇独特の長技であるが、情供と証拠の混同があるから実際の法律家を研究せよと苦情。この場に川上は二役目の弁護士森山として登場し、本日の判決は不当であるから雪江に上告を勧めたが、雪江の清廉潔白なるは天の照覧するところと応じなくて遺憾と慨嘆する。この場を「満身壮烈なる風采を寫して妙」と評す。その上この場に高田が芸妓で登場したらしく、その演技を「大喝采を博す」と褒める。

五幕、雪江が「絞罪臺上に登らんとする時」妻子と「最後の對面」の場があった。川上の雪江が時弊を痛嘆し妻子に「冤死ハ、決して無駄死にでハない」と語る所が良かったらしく、「いともあわれなり（略）遥に舊劇の常套を脱して絶妙」と旧派の常套を脱した〈新しい表現〉を買う。

興味深いのは大詰めだった。雪江は天上に行っている。「是實に一日の絶觀なり」と評されたのだが、何と「北京占領」の川上が感動し賛嘆した場面（「蓮華往生と天女の舞楽」）が取り入れられているのである（第二章4節参照されたい）。

「舞台一面に蓮花さき匂ひ、奇絶、名状すべカらず。茲に、川上の雪江、飄々として、蓮花の中を逍遥して、石田の観世音菩薩に額《ぬかづ》きけるに、菩薩、手に携へたる蓮華をとりて、雪江の頭上に捧げぬ。忽ちにして、月ハ出でたり。あたりハ、真白に照わたれり。雪江の刑衣ハ、俄に輝くバカりなる白衣となれり。此所眞に是、清絶幽絶、拙筆のよく盡すべき所にあらず。」

これを読むと川上は自身が、彼の場面の「天女」となって天上に遊んでいるのだ。パリ体験の感動を忘れることなく、シチュエーションを変えて再現している（口絵参照）。

この発想には驚きを禁じ得ない。川上座の出し物選択や脚色や演出には川上の意向が強く反映されている。演出家として俳優として常に新作を提供してきた川上だが、貧しい劇場機構故に表現できなかったことを、歌舞伎座の持つ舞台機構を自由に使って思い通り表現できたのは、川上にとって至福の時間で、どんなに嬉しい事であったかと思う。これではますます自由に使える自分の劇場が欲しくなるはずである。

批評を読んでも分かるが、内容は旧態依然とした道徳観が底にある。大入りを取るには、大衆の内心に潜むものからあまり掛け離れては駄目だ。しかし新しい舞台を提供したいとする自らの願望を可能にするには、その表現内で冒険する以外ない。この評者皎潔坊は、川上の斬新な試みに気づいたのである。そしてもちろん観客も訳も分からずに新しい場面の登場に大喜びしていたのだ。気が付かないのは旧劇の舞台や演技に捉われて常にそれと比べ新演劇の技術や筋に目が行っていた旧い批評家たちであった。

この二度目の歌舞伎座公演は失敗に終わったという説がある。が、違う。川上一座はどこで公演を打っても常に大入り、日延べが続いていた。これを記憶しておかなくてはならない。

さて、しばらく川上座についての報道が鳴りを潜めていた。一一月初めに、川上の引越しが中央新聞に載る。「今般三崎町川上座建築工事の都合に依り駿河臺鈴木町へ移轉仕候　川上音二郎」（一一月三日）。そしてその月の半ばに新侯爵大山大将邸で開かれた旅順陥落一周年祝宴の余興に呼ばれて、〈土城子斤候衝突・旅順口大進撃軍〉を演じた。川上一座は時の政府の意に適う演劇集団になっていたのである。

4　紅葉・鏡花合作「滝の白糸」

川上はこの年（一八九五〈M28〉年）最後の公演を浅草座で持つ。根本凌波と広岡柳香脚色「滝の白糸」（八幕）の一本立て興行であった。これは前年に読売新聞（一八九四年一一月一日〜三〇日）に「義血侠血」の題で連載された小説であった。紅葉に師事していた鏡花の作であるが、鏡花が無名であったから新聞には匿名「なにがし」で発表された。が、翌年四月に単行本『なにがし』の題名で春陽堂から出た時は「紅葉・鏡花」の連名で、「義血侠血」と「予備兵」が収められていた。川上の上演脚色が、新聞連載時を基にしているのか、単行本『なにがし』から脚色されたのか明らかではないが、上演タイトルは「滝の白糸」であった。「滝の白糸」の草稿や初稿・再稿・決定稿などの煩雑な事情や原稿の比較などについては鏡花研究者が数多くの研究論文を発表している。が、ここではそれらには触れない。川上が同時代の新聞小説としてどこに新しさを感じ、舞台化を試みたのかを中心に「滝の白糸」について見ていきたい。

新演劇は、後年川上の目指したものとは異なる〈新派〉として、川上の死後伊井蓉峰や喜多村緑郎によって受け継がれる。そして花柳章太郎や水谷八重子に手渡されて、ほぼ〈昭和〉の三〇年代半ば過ぎまで確実に現代演劇としての地位を保ち生き続ける（3節［注2］の藤井本を参照されたい）。その繁栄を生み出した要因の一つは新聞小説、それも文芸作品の上演であった。川上座の「滝の白糸」の初演がその嚆矢である。

新演劇における外国種の脚色上演も川上、戦争物の始まりも川上、実録物も川上、新聞記者探訪記も川上、文芸物も川上、と挙げ出すと切りがない。〈明治の現代劇〉の新しい試みは舞台表現も含め、その殆どが川上から始まっているのである。これを私たちは、まず押さえておかなければならない。松本伸子は「新聞種や探偵ものから脱却した本物の現代劇がここに生まれた。」（203頁）と記した。わたくしは川上の登場こそが〈明治〉の現代劇の登場だと見ているが、「本物」と指摘された舞台がどのようなものであったのかみていこう。

さて、浅草座新狂言の場割りが都新聞に発表されたのは一一月二八日だった。

序 加州福岡棒端松並木、同石動駅立場茶屋。二幕 片原町村越母子生別。三幕 浅野河原興行物、同天神橋邂逅、金沢公園銅像前。四幕 向島三圍《みめぐり》堤投身、墨田川短艇救助。五幕 根岸御隠殿欣彌寓居、上野山下旅人宿金澤屋、欣彌宅壮士談判。六幕 浅草公園見世物小屋、同水芸楽屋、同強奪、千束町桐田家裏門、同桐田夫婦殺害。七幕 桐田清澄宅、東京地方裁判所公判廷。大詰 村越欣彌自殺の場。

「滝の白糸」は「又意外」の様な所があって「頗る面白きもの」と宣伝されて筋と配役が報道された。水芸師滝の白糸は藤澤、村越欣彌は川上、桐田養女おのぶは石田信夫、桐田は小西福一郎、弁護士牧野は中野信近であった。女優の加藤かつらは登場していない。場割りを見てもわかるが、この後何度も〈新派〉で上演されてきた「滝の白糸」とは、この舞台は異なる。簡単に筋を記そう。

村越欣彌は加州で馬車の馭者をしている。志高く「前途に一の希望を抱」き、白糸はその「欣彌の志ざしに感じ（略）常に其活計《たつき》」を助けている。欣彌は東京に出て勉学に励む。白糸は学費を送っている。欣彌の妹おのぶは幼少より桐田の養女になっていた。桐田は強欲非道な高利貸で、婿養子を迎えていたが金満家がおのぶに懸想しているのを幸いと婿を離縁し、金満家に嫁がせようとする。おのぶは逃れて大川に投身自殺を計る。欣彌が通りかかりそれを助け、妹と分かり驚く。他方、消えたおのぶを探して桐田は無頼の壮士を放ち、欣彌の家にいるのを突き止める。欣彌がおのぶを引き取りたいといえば、養育費百円を払えと言われ、欣彌は一週間以内に整えなければならなくなる。白糸の世話になっている欣彌に用意の出来る筈はなく、白糸に相談する。白糸は「婦人ながらも義に富み居れバ（略）横濱に我身を百金に賣りて」急ぎ東京へ帰ると、浅草公園で見世物師に出刃包丁で脅迫され金を奪われる。呆然として白糸は出刃を持ったまま歩き、千束町の家裏門に辿り着くと老夫婦は出刃を見て驚き騒ぎ立てたため殺してしまう。その時白糸は自分が何をしたか気付く。しかもその老夫婦はおのぶの養父母桐田であった。白糸は捕まり殺人罪で裁かれる。その場の検事代理は白糸が援助をしていた欣彌であった。欣彌は「金を盗られた爲逆上したのであらふ」と問うが白糸は一言も話さない。そして公判廷で舌を噛み切り自殺する。欣彌は我ら兄妹の「難儀を救はんとして」の行動であるからと彼も自宅へ帰り自殺する。

この芝居は基本的には旧道徳の〈義と恩〉が底流にある作品であるが、登場人物全員が〈金〉に翻弄される話である。欣彌は貧しく大志を抱いているが叶わず馬丁をしている。偶然欣彌の馬車に乗った白糸は、欣彌の義侠心を気に入り、豊かではないのに生活を援助し、上京後の学費を送り続ける。悲劇の元になる欣彌の養女に行った妹おのぶは、貧しいが故に養女に行き、養父母の言われるままに結婚し、離婚し、その上金満家と再婚させられようとして川へ飛び込む。高利貸の養父母桐田は金が全てで美しい養女の人生を自由にし、さらに金を得たくて金満家との再婚を無理強いする。結局はそれが遠因となって白糸に殺される。白糸は我が身を売って拵えた金を、金欲しさの見世物師に奪われ、ふと入った家で人を殺めることになる。その為に白糸も欣彌も自殺する。あらゆる登場人物は金が原因で死を迎えるのである。生き残るのは、全ての要因を生み出した欣彌の妹おのぶだけだ。何という皮肉、不条理であるだろう……。全てがカサカサに乾いている。

白糸の欣彌への恋情が問題にされる舞台作品もこの後登場するが、川上の舞台からうかがう限りは、そうした恋愛沙汰はない。明治になって登場する〈高利貸〉と〈金〉に悩まされる人々が〈義と侠〉とで描かれていた。これが新しいのである。このあと川上が初演する紅葉の「金色夜叉」もそうであるのだが、金（貨幣経済）を中心に動く近代社会に生まれた人間の悲劇としてみることも可能な文芸作品なのだ。現実に川上も高利貸に悩まされているし、気軽に借りられることから同様の悩みを抱えた〈明治〉の人々が沢山いたと推測される。そこで旧弊ではあるが、まだまだ〈明治〉の人々の間に生きている〈義と恩〉という感性を持ちながら、しかも明治近代人特有の〈金〉に翻弄される人々を描出した「滝の白糸」を川上は取り上げたのである。

そしてその〈金〉に悩まされる白糸の行為もこれまでと異なる特有の性格を帯びている。たしかに江戸期以来、親の為、兄弟の為に我が身を売る姉や妹の話が後を絶たず、維新後もそれは続いていた。ところがこの話は、これまで述べてきたように少し異なるのだ。旧弊な家族というしがらみに縛られない一個人としての独立した関係に生まれた援助であった。ここに白糸と欣彌の恋情を入れるか入れないかが後々の問題になる。

川上一座の公演は一一月三〇日に開場予定であった。が、紅葉から待ったが掛かる。都新聞が次のように報じている。

「正本一冊を讀賣新聞社に送りて批評を求む然るに原作者紅葉氏を首《はじ》めとし讀賣新聞又ハ春陽堂へも是まで一回の承諾を請はざりし如何に無識なる藝人にせよ版權興業權の有無ハ知りつゝらん是を知りて通ざせるハ學者の顔を踏み附けにしたる無禮至極の行爲なりと大に怒り厳談に及びし」（都新聞一二月一日）、そして川上は困って「幾何か出金する故興行の承諾を得たし」と申し込むが拒否されたようだ。そして結局謝罪広告を新聞に載せることで話がついて、「總二號文字二十一行」の文字はゴチで広告を七新聞に出す。開場は一二月四日であった。

この川上と紅葉の行為を「川上の粗漏を咎むるあり紅葉山人の所置を大人げなしと笑ふあり或ハ双方ともに名利的の廣告にして見る人の買被りなりと濟まし込むもあり」（都新聞一二月一二日）と判断され、これが宣伝に通じると読み取った人もいたようだ。紅葉の怒りの〈本音〉は不明だが、とにかくこの公演は川上の謝罪広告が宣伝になり一九日まで大入り公演を続けた。

紅葉と川上の引き起こした問題は、原作者と脚色上演主体との重要な問題を含んでいた。

「文學者の世渡り程心細きものハなカるべし其筋にてハ此際文學者を保護するの考案を施らし脚本及び楽譜の版權及び興業權を併せ有する事を得ると同様、小説の如きハ版權の登録と意匠の登録とを併せ有せしむる事にされてハ如何と筆の序に注意を促し置くも何かの罪滅ぼしぞカし」と、著作権に関する提案をし続けて「滝の白糸」は「一風變りし壮士劇としてハ適當《うつてつけ》のものながら根ガ小説なれバ役々淋しく其義血俠血の終りを見るまで一等道路を歩むガ如く」、つまり地味な芝居で「目先ハ變れど趣向の變化に乏し」（無署名都新聞一二月一二日）いと述べているのである。これが、後に「滝の白糸」の舞台が「趣向の變化」の多い作品に変わる要因の一つでもあったと思われる。この無署名氏は、白糸を演じた俳優としての藤澤を「イヨ書生役者の秀調！」と褒めた。藤澤の演技が旧派的であったのだろう。秀調とは、おそらく一八八四年に二世片岡秀調を襲名し、九世団十郎や初代左団次の女房役を勤めた名女形ではないかと推測される（一九〇一年没）。つまり白糸は、世話女房のように映っていたのだ。

三幕の「天神橋邂逅」の川上と藤澤の二人の場は多くの批評が褒めた。「此の狂言の見せ場とて二優ともに原作を暗誦して居る故義血侠血の欣彌白糸の文字が抜出して働くが如し」（朝日新聞一二月一一日）、「両優が呼吸の合ひ加減のうまさこの一幕にても大入場五銭の価値あり」（『国会』一二月一四日）、この場は「大層六づかしき場なれば川上の欣彌と藤澤の白糸に能く目を止めて見玉へ（略…欣彌）私とは誰だと問へど、矢張私だよといふ、欣彌は不審顔、女がそれお前は私を抱いたぢやァないか、馬の上でと言はれて、撞《はた》と膝を打ちハヽアさうかと合点する所厭味なく上等のできなり」（無署名　国民新聞一二月一四日）とセリフのやり取りまで記した批評もある。

最後の死ぬ場面、川上はこの舞台でも死ぬ。

「大詰に来客の前にて手品を見するとて昔の馭者の姿になり白糸との関係を演説して短銃《ピストル》を以て我胸部を撃抜き自殺を遂るまでの一流の妙技、是を演じて万客を招く者は十年前のヲツペケペー川上音二郎とは。」と驚く朝日新聞の清吾。

「従来《これまで》のはドウモ趣向に無理多く砂利場に車を馳するが如き心地せられて甚だ面白からざりし。（略…この作の）妙味は幕毎に目先変りて而かも変化に無理なく序幕より大詰までハツキリと筋の立ちたるにあり」（めさまし新聞一二月一三日）と手放しのぐづ六。

好評が続くが、都新聞の無署名氏は「大詰の自殺ハ手品に假托《ことよせ》元の馭者の姿になつて人々を驚すハ一新趣向ながら其來歴を述ぶるに心付かず平然としてイヨ御趣向などゝ感心して居る列席の人々こそ心得ざれ如何に狂言とハ云へ此邊チトお作者さんに御注意を願ひたく思ふなりをはり」と結んだ。

右に引いた評者たちと観客、そして脚色者を批判している。これも貴重な論評だ。上演台本を見ていないから断言できないが、おそらくこれは川上が考え出した趣向だろう。公判廷で「強盗殺人の公訴を起す一條ハ云ふだけガ野暮」と記述され、川上得意の弁論は堂に入っていた。その後で簡単に自殺で終わらずに、趣向の少ない舞台を元の馭者に戻る扮装をすることで巡り巡って初めに戻るという遊びを入れ、しかも二人の「來歴」を述べたというのだ。川上の発想には驚きを禁じ得ないが、ドラマとしてはやはり壊れている。それを都新聞の無署名氏は指摘したのだ。これからのちの川上が作り出す舞台へのヒントになる一文だが、それを川上はどこまで意識したかは不明である。

5　浅草座の「台湾鬼退治」一八九六年

川上一座は、新しい年の正月公演（「滝の白糸」）を横浜港座で迎えた。二月の二の替り（「盗賊世界」）を終えて東京に戻る前に、川上座の記事が報道されていた。

三崎町に建築中の川上座ハ来る三月三日に舞臺開きを行はんと目下工事を取急ぎ居り既に内部の構造も七分通り捗取たるよし

（都新聞一月一六日）

劇場はいよいよ完成に向っていたのである。計画が初めて発表されたのは一八九三年六月であったから既に四年目を迎えていた。建築費用を作るために休む間もなく巡業を続けてここまで来たのであるが、開場式までまだ時間が必要だった。東京では浅草座公演がまっていた。開場予定の出し物は、義経（藤澤浅次郎）と弁慶（川上）の「堀川夜討」と「台湾鬼退治」であった。古い話と新作戦争物だが、後者は如何にも古臭いタイトルだ。戦争物が下火になっているこの時期に何故、川上は「台湾鬼退治」などと昔話の〈桃太郎の鬼退治〉のような戦争芝居を出したのだろうか……。

2節でも触れたが、まず歴史に翻弄された台湾について少しみていこう。

台湾は複雑な歴史を背負わされてきた島である。日清戦争で勝利した日本が、清国から台湾と澎湖島を割譲されたのは一八九五（M28）年であった。正確に言えば日本は、日清講和条約調印前に澎湖島を占領しているのだが……。この年から日本統治が始まり、一九四五年の太平洋戦争の敗北までこの島を支配する。台湾島民は割譲に反対したが清国は聞き入れなかったのである。そして激しい抗日運動がこの前後から始まる。川上音二郎の台湾を題材にした芝居はこの日本統治という状況下に誕生する。

日本以前にもこの島は長い間、他国の支配下に置かれていた。一六二四年にオランダ東インド会社がこの島を占領し、一六六二年に鄭成功に駆逐されるまで続く。スペインもこの島を狙い、一六二六年に淡水、基隆（キールン）一帯を占領したが、一六四二年にはオランダによって追い出された。鄭成功とその子孫の鄭氏政権は一六八三年に清朝に打ち負かされるまで続く［注3］。その後台湾は清朝に約二百年、次いで日本に約五〇年、一七世紀のオランダから二〇世紀半ばの日本まで、四つの政権の支配下に置かれていたことになる。澎湖島は台湾島よりさらに前、一二世紀の宋代には既に「漢人」が定住し、元代には元朝の一部になっていたというからこの温暖で美しい島々「美麗島」の島民たちは、名前とは裏腹な苦しみの中に置かれていたのである。

台湾島には「漢人」が島に来る前、大古の昔、陸続きだった東アジア大陸から渡ってきた民族が大勢いた。いわゆる先住民族（原住民族）だ。彼らは「高山族」と「平埔族」と言う呼び名で、「漢人」によって区分されていた。先住民族は実はもっと多く存在していたが便宜的に山にすむ人々と平地に住む人々とに分けられたようだ。厳密に言えばこの区分は誤りであったらしい。さらに清朝政府はこの先住民族に自分たちに都合のいいように三つの名称をつける。これは統治するための分け方だった。「生蕃」「熟蕃」「化蕃」がそれで、政府の「教化を受けた」（「漢化した」）者たちと「服従して納税する」者たちを「熟蕃」と呼び、そうでない者たちを「生蕃」と呼んだ。その中間にいる存在を「化蕃」と位置付けた。「蕃」は先住民族を表す語として充てたのである。これは野蛮に通じ、未開の他民族を意味する語であった。

島全体が占領され、そこに住む人々もこのような形で差別化されながら長い間生きていくことになる。しかも日本が統治するようになっても、この言説は生きていた。この呼び名が後に触れる川上演劇に登場することになる。

川上音二郎は台湾新演劇の祖といわれ、台湾の現代劇に大きな影響を与えたが、差別的な状況をそのまま取り込んで時流に棹指す芝居を上演していたのである。それが迎合かあるいは叛旗か、以下見ていかなければならない。

一八九六（M29）年二月七日「台湾鬼退治」が東京浅草座で初演された［注4］。台湾人を鬼にたとえて日本の軍人が退治するという戦争劇を想像させるタイトルだ。これは二番目物として登場した。一番目は時代物の「堀川夜討」。

ここで少し振り返ってみたい。川上は、日清戦争が一八九四年八月一日に始まるとすぐに上演許可を取って「壮絶快絶日清戦争」（東京浅草座一八九四年八月三一日～一〇月七日）を上演、どの劇団よりも早くに戦争芝居で大きな成功と人気を得て新演劇の名をあげた。もちろんこれは実際の戦地を知らずに作っている。もともと実録物で出発している川上はリアルさに執着し、それが売物でもあったが、公演後願い出て自ら戦地の朝鮮半島に出向く。帰国後すぐ「川上音二郎戦地見聞日記」（市村座　同年一二月）を舞台に上げ、これにも成功、翌年五月には2節で述べた「威海衛陥落」を歌舞伎座で上演した。新演劇の俳優が、歌舞伎のために建てられた歌舞伎座の舞台を踏んだという明治演劇はじまって以来のこの出来事は、歌舞伎の看板役者市川団十郎を激怒させるという逸話を残した。

こうした一連の川上の足跡を見れば先を読むことに長けた川上が、戦争に勝利して手に入れた台湾を題材にして芝居を上演するのは目に見えていた。もちろん客受けを狙ってのことだ。「桃太郎」の鬼退治を連想させる外題はいかにも即席で、〈勝利と獲得〉の浮かれ気分に乗った舞台作りを推測させるが、川上座の完成が間近いこの時期に、この公演は是が非でも成功させなければならなかった。そしてこの公演は大入りで川上はこれでも成功した。江戸時代からある歌舞伎という旧派の芝居に対抗的な明治生まれの新演劇が、近代国家の建設と歩みを揃えて着々とその存在を確実なものにしていく道筋が読めて来る。

ここで詳細をみよう。都新聞「梨園叢話」（しばいだより）によれば「台湾鬼退治」の役名は次のように記されている。藤沢浅次郎の特務曹長旭義輝、中野信近の蕃賊何安、寺島倉二郎の藤林中尉、柴田善太郎の軍曹田村義臣、小西福一郎の神戸中尉、河村昶の軍曹鈴鹿武雄、堀切脇三の李蔡延娘、そして主役川上音二郎の佐藤大尉、その他多くの日本人兵士や台湾人が登場する。

蕃賊として名が挙がっている役名は陳南・陳神・陳發・陳水・宗元・陳正・陳水牛・陳浩・陳章・陳名などでいかにも外国人のように見えるが、このような名前はあまりないから実情のわからぬまま適当に名付けられたのがよくわかる。

入場料に関しては、中央新聞に二十七日開場、場代は桟敷一円八十銭、高土間一円四十銭、平土間一円、初日は何処でも五十銭と報じられている（二月二七日号）。春木座の公演では上等席が一円九十銭であったし、歌舞伎座で公演をした時は、桟敷五十八銭、高土間四十六銭、平土間三十六銭で「大勉強」（都新聞　白川本）であったというから、それを考えるとこの興行は当時の並みの入場料をとっていたと見ていいだろう［注5］。

この近辺の新聞・雑誌をもう少し見てみたい。

すでに都新聞は、二月一九日の梨園叢話に浅草座演目の場割りを載せていた。一番目『元暦正史 堀川夜討』（序幕）相州腰越松並木の場（返し）同浜手の場（二幕目）東洞院花屋茶店の場（三幕）

醒ヶ井土佐坊旅宿の場（四幕）堀川御所南殿の場（返し）同広庭の場、二番目「台湾鬼退治」（序幕）蕃賊横行の場（二幕目）名誉の戦死の場（三幕目）大尉豪胆の場（四幕目）退治勝鬨の場等なりと

そしてこの日から「堀川夜討」の筋書きが都新聞に連載される。推測であるが梨園叢話の担当者が際物の「台湾鬼退治」より時代物「堀川夜討」の筋書きを連載したのは、新演劇が時代物を上演するということで、この方が客の興味を引くと見たのだと思われる。おそらく「台湾鬼退治」はあげ本を警察に提出していて筋の詳細が公表されていなかったのだろう。さらに深読みすれば、川上が新作の筋を初日前に公表したくなかった、ともいえる。おそらくこれが当たっているかもしれない。

実はこのとき、日本軍は台湾の鎮圧にはほとほと手を焼いていた。一月一一日の都新聞二面に「匪徒鎮圧方針」が載り、翌日にも「匪徒多く潜伏す」と言う記事があり、樺山資紀、桂太郎、乃木希典の代々の総督は「匪徒」と呼ぶ先住民族の抵抗に困惑していた。その中で乃木がそこそこ成果をあげたというが、鎮圧したわけではなかった。近衛師団が出兵して苦戦していたとも指摘されている。台湾が一時的にせよどうにか鎮圧され落ち着くのは、二年後児玉源太郎と後藤新平が台湾に渡ってからであった。したがってこのあとも当時の新聞を見れば分かるように台湾への出兵と討伐は明治の終わりまでずっと続いている。つまり川上の「台湾鬼退治」

はそうした政府の対策が上手く行かず激戦が続く中で初演されていたのである。

次に引く〈梨園叢話〉には近衛師団の見物予定が記述されている。これは川上がどのような形で匪徒対策に苦しんでいる日本軍を描出するのかを確認するために見にきたと考えてもよく、その舞台が軍を否定している場合には上演許可を取り消すことも考慮していたと推測される。これまでも川上はそうした状況に何度も陥っていたし、上演禁止もされていたからだ。

「梨園叢話　浅草座は予定の如く昨日正午より開場したるに壮士役者の時代劇は何んなものかと思ひてか来観者は開場前に満員となり中々の好人気に見受けられしが近衛師団の各将校方は明二十九日「台湾鬼退治」を見物さるゝ由」（都新聞二月二八日号）とある。

抗日運動の激しい台湾鎮圧に手を焼いていた近衛師団は川上の舞台を気に入ったらしく、後日川上一座は小石川の細川侯爵邸に呼ばれて「台湾鬼退治」を上演する（都新聞　三月一七日号）。どんな舞台が展開されたのだろうか、劇評を見てみたい。

実は、劇評はあまり残されていない。それは丁度この時期に川上が三崎町にはじめて建築した西洋風の劇場―川上座の開場に関するニュースと、川上と料亭の娘との間に子ができたという〈川上の落しだね〉騒動の記事が新聞を賑わしていたからだと推測される。萬朝報も都新聞もそのゴシップ記事を数多く掲載している。すでに度々記してきたように川上は新聞・雑誌の報道にかなり重きを置いていた。好意的な批評は大歓迎、悪評もゴシップも当人にとっては迷惑どころか全て芝居の宣伝――広報活動になると考えていた。この辺りも他に抜きん出た彼の近代的な新しさであった。

旧派の歌舞伎を批評の対象としてきた『歌舞伎新報』が〈小芝居めぐり〉で取り上げたが、辛い批評である。筆者は蘭圃［注6］。

二番目台湾鬼退治は、川上一座得意の出物なりといふ、（略）川上丈の扮せる佐藤大尉が営中に於て、下僚に向ひ相語るに、大切なる軍刀を手遊にする様な不体裁はなさゞるべし、俳優の資格なき彼等に向ひて、技のいかんを兎かういふは実に無益の業なり。（略）二番目狂言の山は、佐藤大尉が単騎蕃窟に入りて、帰順せしめんとするに在るべし。然るに大尉が蕃族を説く所の趣意、果してその当を得たるや、否や予は大にその然らざるを認む、いかに軍人なればとて、剽悍なる蕃族を説くに、猛然として恐喝するが如き趣意を以てせば、いかでこれに服すべき、さなきだに疑ひ深き蕃族、かへりて反抗心を生ずべし。少し心ある者は彼等を説くに恐喝を以てせず、わが　天皇陛下の仁政にして徳澤の汎きことを示し、清国の虐政を脱して、陛下の臣民となるは、暗夜を出て旭日を迎ふるに均し。然れども若しこの寛仁なる皇軍に抵抗せば、わが精鋭なる軍隊は立ろに圧殺すべし、と剛柔相済すの手段にあらざれば、到底彼等を服せしむる能はざる事を知るべし、（以下略）

この評でおおよその舞台が想像される。評者は台湾島民の抗日運動の激しさを知らないようだ。過去の時代のぬるま湯に浸っている住民なのだろう。歌舞伎の批評家は露骨に天皇制について触れることはしない。それゆえこの評者は歌舞伎批評の専門家ではないかもしれない。

川上は舞台上で「匪徒」を帰順させるためにかなり威圧的な態度をとっていたことがこの批評から分かるが、かりに評者の指摘のように天皇の威光を出したところで帰順するはずはない。それは川上でなくとも当時の状況に明るければ分かったはずだ。むしろ川上にはそうした権威を殊更敬う舞台を作る気持ちはなかったと見る。川上は権力や権威を利用はしたが、そこへの恭順を示したことはなかったからである。東京市祝捷大会で皇太子の前で「日清戦争」を演じた時に触れたように、川上はそれを利用こそすれ思い出話でありがたがってはいないのだ。

現実に日本の軍隊はかなり激しい攻撃をしている。したがってこれを見にきた近衛連隊は、この評者のような舞台をみたらむしろ真実から遠いと感じたであろう。たとえ川上の舞台が絵空事であっても日本軍が勇ましく「匪徒」を帰順させていることに希望と安堵の念を抱いたと推測される。それゆえに侯爵邸に呼ばれて上演したのだ。

この芝居は、翌年の一二月まで各地で再演されていた。それは引き続き抗日運動が激しく、日々新聞報道されていて台湾は日本の圧力に屈しなかったからだ。状況的には実録物としてこの芝居の存在理由があった。他国の民族を日本国に帰順させることに対する川上の発言はない。自由民権運動から演劇に足を踏み入れたとされる川上であるが、彼にはそこまでの反体制的な思想はなかったとわたくしは推測している。歌舞伎と言う江戸時代の演劇しか存在しなかった明治という時代に、彼は同時代の息吹を吸った新しい演劇を生み出したかっただけなのであるから。その意味では川上は自身の願望を舞台に上げて観客に同時代演劇を提供していた演劇人だったのである。

川上一座は、浅草座公演後の四月、五月、六月と「台湾鬼退治」を持って京都・大坂・京都を巡業した。川上は大阪公演の時（五月）、「急性胃腸加答児《カタル》」で入院する。一座を京都に残して川上は一人で六月五日に帰京（白川本）。長い入院は病気が重かったからか、川上座の落成に関係してのことか、よくわからない。

暴飲暴食などが原因というが、いわゆる〈胃炎〉で結局これが抉れると胃潰瘍になるらしい。夏目漱石の胃潰瘍が有名だ。川上もこれが持病になって悩まされる。近代病ともいえる〈胃カタル〉という言説は流行していたようで、〈明治期の小説〉にも度々登場する。明治になって西洋医学の導入で明らかになった病だからだろう。川上座建設の心労や休む間もない公演の疲労なども重なったと推測される。頑健な川上も倒れたのである。

注記

3）台湾については、周婉窈著『台湾の歴史』（平凡社二〇〇七年）、伊藤潔著『台湾』（中公新書一九九三年)、片倉佳史著『台湾　日本統治時代の歴史遺産を歩く』(戎光出版二〇〇四年)を参照した。二〇〇八年一二月、台北に調査に行き、川上一座の足跡を辿った。台北では国立台北芸術大学の林于竝氏のお世話になった。記して謝意を表したい。

4)京都常盤座再演が四月一〇日から、その後大阪でも上演された可能性が高い。

5)歌舞伎座の入場料を下げたのは、歌舞伎に対する川上の一種の謙譲の表れであったのかもしれない。

6)実名は不明。『歌舞伎新報』1635号一八九六年二月。『歌舞伎新報』はプロの批評家ばかりではなく、芝居愛好家の投稿も多い。蘭圃は同年(M29)に登場してその年中批評を書いている。

6　台湾巡業と「生蕃討伐」一九一一年

さてここで二〇世紀に飛ぶことにする。急で不可解であろうが、川上のもう一本の台湾芝居について「台湾鬼退治」と比べながら触れておきたいからだ。この時期には川上は世界巡業を終えている。妻の貞はアメリカで〈SADA YACCO〉の名で女優デビューし、帰国後正劇「オセロ」に出演していた。

「生蕃討伐」は一九一一（M44）年七月一日から七月一六日まで、川上が大阪に建てた劇場「帝國座」で初演された。東京神田三崎町に川上座を建て、そして亡くなる前に大阪堂島に帝國座を建て二つの劇場を持ったのである。川上はこの年の一一月一一日に四八歳で他界するからこの公演は最後の企画・出演作になった。

これまで川上の最後の年に関する演劇公演の記述は少なく、白川本でもわずかであった。白川は資料集に、一月の東京本郷座「天風組」「成功疑ひなし」、二月の大阪帝國座「椿姫」「役者ぎらひ」、七月の大阪帝國座「祇王祇女」「生蕃討伐」の三件をあげ、一〇月川上の持病の再発、手術、一一月死亡という記述を載せている。二月から七月まで、九月から一〇月までの行動は明らかではなかった。川上が演劇活動の中心を大阪帝國座に移したこともその要因で、東京発行の新聞・雑誌が川上情報を載せなくなったからだとも推測される。

この空白期に川上は一座を引き連れ台湾で巡業をしていたのである［注7］。川上の渡台について大阪朝日新聞や大阪毎日新聞を調査したが記事はなかった。台湾巡業から帰国して「生蕃討伐」を仕組んでから、この上演に関する記事を幾つか見つけたので台湾巡業にふれた後で記したい。

川上一座は基隆から台湾に上陸し、台北、台中、台南、嘉義、等を巡業、基隆に戻って六月五日に神戸に向け台湾を出航、その間約一ヶ月であった。以下、台湾日日新報が報ずる記事かららこれまで知られていなかった川上の台湾巡業を跡付けてみよう［注8］。

この巡業は台湾の興行師高松同仁社主の招きによる。一九一一年五月一日、信濃丸で基隆港に到着、列車で台北へ向う（台湾日日新報五月二日号）。一行は、川上と貞奴、女優澄子と登満子、福井茂兵衛、荒川博士ほかスタッフも含め七二名。台北停車場には大勢の人々が押しかけ、特に女子供が八分で、洋装で乗り込んだ貞奴や女優達に魅せられたようだ。五月三日、台北朝日座で初日開演、台北の近隣の街からも観客が押し寄せる。演目は「巴里の仇討」、貞奴の踊り「新道成寺」、喜劇「成功疑ひなし」の三本。当初は満員ではなかったらしい。それは川上演劇が「幼い子供の入場を謝絶し且つ場内に於ての飲食喫煙等を謝絶されたものと思つて居る為め子供を連れて行けないからと残念がる連中がある様だが決してそんな窮屈な事は制限されてないのであるから」（五月五日）と、報じられて以後満員御礼の札が立つようになる。夕方六時に始まり、打ち出しは一二時。

五月九日の記事には「椿姫」、舞踊「鶴亀」の上演が報じられ、台南でも公演を持つ予定だとある。一一日からは「ボンドマン」第三回替り外題として広告が載り、さらに一四日に御伽芝居「浮かれ胡弓」を朝日座の昼の時間を利用して児童生徒に無料で観劇させる記事も載る（五月一〇日号）。五月一四日で朝日座の公演は終了予定であったようだが、好評のため四日間日延べになる（五月一四日号）。日延べの公演演目は、「児島高徳」「玉手箱」「唖旅行」（五月一五日号）。

台北を後にして、台中の台中座で開場するのが五月二三日、大入りで二五日まで日延べされる。演目は朝日座と同じだ。ここで川上は病気になる（五月二四日号）。が、予定通りの行程で五月二六日に台南公演四日間、六月一日、二日の嘉義公演を終えて六月五日に信濃丸で帰阪する。

川上は備後三郎を演じた後、舞台で倒れ、翌日の演目を「椿姫」に替えたと言う記事も見られる（六月四日号）。五月二四日に台中で倒れ、温泉治療をしていたらしいが、無理な行程が持病を重くしていたのだろう。これが結局川上の命取りになるのである。六月五日の信濃丸には、川上一座に加えて、留学する林家の子息や新渡戸稲造博士などもいたらしい。川上一座の楽団の演奏もあり、しかも近年にない見送り人の数で大層賑やかであったと報じられている（六月六日号)。

六月六日号の「演芸界」欄に「川上は高松同仁社主と今回の関係を機とし内地帰還と共に先づ佐藤歳三一座を台湾へ送り続て美津五郎等の一座を送り大に台湾の劇界を賑はすさうである而して其都度自身渡台して種々尽力すると語り又一方大阪の帝國座に於て生蕃討伐の新狂言を仕組み一切の武器装具を台湾に求め大に蕃風鼓吹の任に当ると語つてゐた」とある。川上は実際に台湾を横断し、彼の地と人々に接することによって新作に何を仕組んだのだろう。どのような「生蕃討伐」であるのか、見てみたい。

こんな記事が東京の都新聞に載った(七月五日号)。

▲如才ない川上　台湾から帰った後は遭う人毎に生蕃討伐は日清日露戦争以上の艱難で目撃すると同情に堪えんでゴワすと吹聴し居りしが愈大阪の帝國座で「生蕃討伐」といふ台湾土産を脚色し前の吹聴も一つの広告でウンと人気が立てるとは如才ない

生蕃討伐が日清日露以上の艱難というは、討伐が成功していないことを指している。「同情に堪えん」という川上の発言は、現地を見てきた者の発言として重要だ。討伐軍に同情しているのか、あるいは「匪徒」に同情しているのか、興味深いものがある。

大阪毎日新聞と大阪朝日新聞を調査した結果、これまで曖昧であったことがはっきりし、当時の状況がさまざまに浮かんできたのである。まず初日は七月一日で（六時半開演）、洋装の女性の横顔と英字のパンフを見ている姿の広告が大阪毎日（七月一日号）にも大阪朝日（七月二日号）にも載る。白川宣力は大阪朝日の記事が七月二日に載っているので初日を二日と記録したのであろうが、朝日の広告には「当七月一日ヨリ　毎日午後六時半開演」（七月二日号）とあり、大阪毎日には「本日ヨリ　毎日午後六時半開演」（七月一日号）と出た。それにしては関連記事や批評の出るのが遅い。

実はこの日、角座の文芸協会の「ハムレット」も初日であった。角座は四時半開演、川上一座は二時間後六時半だ。新しい演劇運動をはじめた坪内逍遥の文芸協会の来阪は一つの事件であったようだ。したがって翌日から新聞は文芸協会の「ハムレット」で紙面が占められる。朝日は、角座の入りを「早稲田の交友や有らゆる関係者の熱心な運動に駆り催されて来た多種多様の見物は初日ながら半分以上の入りを占めた大阪芝居の初日としてはまづ成功の中である」（七月三日号）と伝えている。毎日にいたっては三頁も「ハムレット」関連記事を載せている。坪内博士主宰の「文士劇開演中の角座」のチケット二百枚をご来店の方に無料で進呈するという広告をクラブ化粧品本店は出す（大阪毎日七月三日号）。大阪毎日には「わが劇壇の為に」という菊池幽芳の連載が始まり、新しい演劇とは何かが問われだしている。文芸協会公演の影響だろう。

こうした大阪の状況で川上一座の記事や劇評が載るのは遅くなったと推測されるが、川上一座は大盛況であったようだ。大阪毎日の〈えんげい百種〉欄で「▲初日に満員の帝國座は貞奴の乗馬が大喝采舞台を往来する趣花やかで勇ましいのが評判である」（七月四日号）と報告され、大阪朝日の〈演芸世界〉にやっと劇評（七月五日号）が載るのである［注9］。この劇評は注に引くが見ての通り分かりにくい。「生蕃討伐」の筋も場面展開も配役も把握できないのである。ここでは大阪毎日の〈えんげい百種〉評を長いが引きたい。

帝國座（略）▲「生蕃討伐」は時宜を得た狂言である、貞奴の扮する龍造寺大尉夫人木曾秀子は、元芸妓であつたのを大尉（中野）に落籍され愛憎を受け先妻の子で軍曹虎彦（川上磯太）にわがまゝを言はれながら自分の出世の為に何も彼も辛抱して居る、其処へ元の養父勝造（藤川）といふ悪漢が台湾お六（花園）といふ莫連と共にゆすりに来て難題をいふ、切破つまつて秀子は大尉の手箱にある用金五百円を親子の手切として渡す、外来の賊に盗まれたものと装らうつもり▲此秘密を折柄別室に大尉の帰りを待ち居た篠崎少尉（川上）が聞き知る、不図出て来たので秀子が驚き芸妓時代の手くだにて少尉に味方してくれと情に寄せて縋る、正義の少尉は左様な味方は御免と言つて去る、行違いに大尉が帰る▲秀子は大尉の嫉妬心あるに乗じて紛失金を篠崎少尉の所為らしく大尉に告ぐ、これが根になりて大尉は少尉を憎み、特に命じて少尉を生蕃征伐にやる、虐殺の暴挙を恣にする生蕃も案外篠崎少尉の人道に厚い誠心に感じて酋長（荒川）以下帰順する▲しかし此討伐隊加わった大尉の子虎彦は隊長たる少尉の方略を妨害し却て生蕃の一人を斬り大事を起さんとし、少尉は公事の為之を斬る▲少尉は大功なしたにも拘らず大尉の為に営倉に囚はれ、軍法会議より死刑宣告を受ける最後の場合に、秀子は自分の不心得から斯かる冤罪を与へたかと悔いて、馬に乗りて少尉の危難に駆つけその無罪の次第を告げるといふに終局す▲

此筋にて台湾討伐隊の苦心惨澹、軍隊に新旧思想の衝突のある事、台湾住民の現状等をほの見せる▲秀子の乗馬は無論喜ばれるが、舞台面は生蕃阿蓮庄山中の虐殺、酋長の山賽が一番眼さきが変はて居る、渓流の上に釣橋がありその上を生蕃が猿の如く飛ぶなどは面白く、一度幕をしめて、渓流の処に死屍累々たる様を青白い電燈に照らせた場面を再び幕を開けて見せるなど大いに感興を惹く▲川上夫妻の外福井の隘勇（あいゆう）と中野の大尉、藤川の中尉など目を惹く

（大阪毎日新聞　七月七日号）

この一文で「生蕃討伐」がかつての、ただ「匪徒」を痛めつけたという「台湾鬼退治」とは異なり、生蕃に対して同情心を持っていることがわずかだがわかる。生蕃討伐というよりも大尉の嫉妬心を利用して悪意が生み出す事件と見たほうがいい作品である。どこか「オセロ」にも似ている。

台湾の現実を知った川上が、「時宜に」かなう生蕃討伐を全面否定するわけにもいかず、し

かし肯定して無残に倒すのも賛同できず、良心的な少尉とそれに応える誠意ある生蕃たちというように表現せざるを得なかったのは、消極的ながら現実を知った川上の誠意であったとみてもいい。大阪毎日にも朝日にも、毎日のように台湾征伐の記事が載るのがこの時の現実であるからだ。

同時期に今ひとつ大きな話題があった。それは露西亜からの観光団である。七月一一日、彼らは軍人、教師、男女学生、新聞記者からなる訪問団で、造幣局・大阪城・大阪朝日新聞社・清水谷女学校・大阪高等商業学校を訪れ、夜には帝國座を観劇した。川上は露西亜で金時計を皇帝から貰っているから、それを劇場の廊下に展示していたという。露西亜の観光団はヨーロッパを魅了した貞奴（SADA YACCO）を熟知していて、期待して観にきたようだ（大阪朝日　七月一二日号）。川上は露西亜国歌を演奏して出迎えた。国家演奏に立ち上がって出迎えなかった大阪府高官がいたらしく、それを皮肉っていた記事もある［注10］。

川上は言語が通じない彼等の不便を思い演技を変えたらしい。「昨夜の芝居は川上も貞奴も嘗て洋行したる経験もあり言葉を少くしぐさを多くしたる事とて言葉の通じぬ人達にも興味深く見物せられ殊に貞奴が男装して本物の馬にまたがりて出場したる時には非常に婦人達の注意を惹き一行中一番声のよいタグノーヴァ嬢は銀鈴を振やうな声にて貞奴の表情の美しさを賞し……」（大阪毎日　七月一二日号）と報道された。終演後川上や貞奴に面会して彼らは大喜びであったという。

この芝居の売物の一つは貞奴の乗馬であるようだ。彼女は若い頃から馬術を習い、かなり乗りこなしていたというから舞台を横断するのは容易かっただろう。帝國座楠仔坑深山の場《なんしこうしんざんのば》が大阪毎日に写真入で紹介されているが、美しい白馬に跨った凛々しい乗馬姿である。本ものの馬を出すと言う思いつきは、話題を呼ぼうと意図した川上の発想に違いない。さらに毎日や朝日に言及されている舞台を考えると、特に照明と装置に大きな効果が上っていたようだ。画家に装置を描かせたり、光と闇の照明の効果を導入したり、常に新しいことを提供し続けてきた川上の発想は枯れることなく、次々と新しい冒険をしていた様子が理解される。川上の斬新さは最後の舞台でも発揮されていたのである。

この公演は七月一六日に終り、その後名古屋の御園座へ移動した。一六日の昼、浜寺海水浴場の開場披露会に川上は浜寺公会堂で御伽芝居をみせたようだ（大阪毎日　七月一五日号）。台湾でも無料の児童劇公演を持っていたことは既に記したが、川上の演劇運動に対する熱い思いをこうした子供相手の芝居にも感ぜざるを得ない。それは子どものときからの観劇体験が大人になって大きく花開くからである。

5節6節と川上音二郎一座の台湾を題材にした演目を見てきた。内容の詳細は台本が残されていないために把握できないが、批評から可能な限り川上の世界を検討することができたと思っている。川上音二郎は「生蕃討伐」公演後に若くして鬼籍に入る。一種のアイデアマンであった川上が、この後、新しく台頭する演劇学者たちと手を組んで芝居をすることになったらどんな破天荒な劇的世界が開かれたかと推測する。それはとても興味深いものであったろう。

時代の転換を強く感じたのは、「生蕃討伐」公演と文芸協会の「ハムレット」公演が一九一一年七月に重なったことであった。前者は新演劇を切り開き、とにもかくにも明治の現代劇を引っ張ってきた存在であり、後者はこれから発想の転換をして既存の演劇を否定してより新しい演劇運動を切り開こうとしている集団である。歌舞伎に対抗的に登場した川上の新演劇は、その明治に存在する全ての演劇に対抗的な演劇を作ろうと立ち上がった集団と入れ替わることになるのだ。彼等の時期を同じくした公演がはからずも一つのターニングポイントとして大阪に存在したのは、歴史の偶然が生んだドラマだと言うことなのかもしれない。

さて、また一九世紀末の川上座落成に戻ることにしよう。

注記

7）日本演劇学会二〇〇五年全国大会「演劇史再考」で、国立台北芸術大学の邱坤良教授が「植民地時代台湾における日本演劇」について特別講演をした（中国語）。このとき初めて川上が台湾に巡業で行っていたことを知った。通訳つきの発表であったが、台湾現代演劇への影響が主軸の話で、この時点では巡業の詳細を理解することはできなかった。今回の調査で、わたくしは台湾日日新報を閲覧することにより詳細を把握することができた。

8）台湾日日新報には、一九一一年五月四日から六月六日まで、川上の台湾巡業に関する記事が載る。誌面も日によって異なり、続き物であったり、単発記事であったりする。演目、上演評、動向などが載った。今回の川上の行程を見ると、当時本土から台湾への舟は基隆に到着していたようだ。となるとこれから記すことになる一九〇二年の川上初の渡台も基隆に入港したと考えていいと思われる。引用資料は台湾国立国家図書館所蔵資料を参照した。

9）「帝國座の七月興行は近来流行の現代趣味などというハネカツた所をサラリと捨て夏場だけに煙火にでも譬へさうなパッと華かで涼しげな狂言を選み、その上本統の馬を使つて舞台を縦横に乗回すといふ放れ業のお景物まで添へて居る（略）「生蕃討伐」は淡白で面白い▲篠崎譲といふ少尉が生蕃を帰順させる為に蕃社へ行き漸く功を収めんとしたのを暗愚な隊長の子の軍曹と浅慮な隊長の妻に誤られて罪に堕ち己に処刑に処せられんとしたのを義侠な隘勇と蕃社で救ふた少女と改心した大尉の妻とに救われ七社の生蕃が帰順して目出度く市が栄えるといふ筋▲この座の特色として道具の組立が頗る巧く日本兵が生蕃に虐殺される阿蓮庄山中の場など殊によく女子供の可厭がる銃砲を用ひないで十分に凄味を見せ其の場の幕切れに、一旦舞台を暗うして活人画式に累々たる死体の上に寂しい月を照して静に幕を引くなどなかなか味を遣る▲川上の篠崎少尉は沈勇な青年といふ心持をよく写し、タカマン蕃社で命令を守らぬ竜造寺軍曹を斬つて生蕃に対する意気込みが非常にいゝ▲中野の竜造寺大尉は唯正直な地方の軍隊ばかりを経廻つてゐる将校などに能く見る型だ、但し酒精中毒のやうな聴取り難い白には閉口する（略）▲貞奴の大尉の妻秀子は男装して裸馬に乗るばかりか仙吉にその馬の尻尾を掴んで引戻させ一鞭当て、舞台を駆込むという奇抜な所を見せるので観客は夢中になつて喝采する、そればかりは大概の俳優にも真似が出来まい▲福井の隘勇はカウチュンは上辷りはするが拙くはない」（大

阪朝日新聞七月五日号）

10）露国観光団は到る処大持てゞ、満足以て帰国の途に上ぼるさうだが、日本人の歓迎術は其の実まだ下手だ▲向ふでは日本の国歌を記憶し、キーミーガーと来ると直ぐに起立脱帽して敬意を表する、又神社仏閣に参つても必ず黙礼するやうに注意して居るのに、此方では歓迎員さへ露国国歌の譜を知らず、帝國座では大阪府の高等官まで、露国国歌の吹奏中平気で着座して居つたやうな事だ（大阪朝日新聞「天声人語」七月一四日号）

7　川上座の落成　一八九六年

待ちに待った川上座が完成した。開場式は一八九六（M29）年六月一四日であった。賑やかな開場式の様子が報じられる。

午前十時開場式を挙行せり定刻前来衆堂に満ち二階三階を通じて殆んど立錐の余地もなしまづ神官の祝詞あり次で川上藤澤の挨拶あり終つて余興に移り円楽の落語、伯知の講談、洲崎幇間梅孝・銀孝・勝孝・善中・孝正諸他連中と芳原幇間露八・善考・芝喜太夫・半平・浜考其他諸連中の仁和賀ありて全く式を終りしは午後四時過ぎなり（読売新聞六月一五日）

招待客は鮫島海軍少将・奈良原沖縄県知事・西園寺公望・井上勝・金子堅太郎らの代理、新聞記者や多くのご贔屓連中・落語家・講談師・芸者衆だった。建物はすべて煉瓦造りで色は黄色、舞台構造は大劇場仕様（回り舞台付、客席千人規模）であった。西洋式で三階まであり、木造部分はペンキ塗り、桟敷の入り口は「蝶番の扉」、土間の入り口に「寒冷紗を下げる」、桟敷後ろの廊下には絨毯を敷き詰めて広く歌舞伎座の廊下に等しい、外廊下の割合に内は坪数が少なく、土間が四人詰の「六側八留り」で少ない、花道短く舞台も狭い、「見場の向ふを詰めて高く上に累ね音形の通達を好くした（芋兵衛　読売新聞七月九日）と報じられる。つまり劇場内の高さが高く、客席の奥行きが狭いから舞台の声がよく通るということだ。そして舞台欄間に英語でTheatre Kawakamiと記した。川上がパリで通った劇場を模したのだろう。日本の大劇場は歌舞伎座建設以来、とにかく舞台奥行きが無く横幅が広い。集客力を上げるために客席を広くとっていたから（大芝居は二千人以上で小芝居でも千人）、それらと比較すると〈こじんまり〉とした劇場に写ったのだろう。客席数がギュウギュウに詰めて千人というのでは、経済効率はよくない。

興味深いのは場代（切符）で、茶屋を通すと一等の桟敷は一人六〇銭、二等席は三〇銭、三等（三階）は一〇銭で、茶屋手数料は一等一五銭、二等一〇銭。川上座で直接購入の場合は半額で「此外祝儀茶代等は一切申受けざる由」（中央新聞六月三〇日）と広告が出たことだ。川上の劇場改良が始まったわけだが、どの程度定着したかは分かっていない。

舞台開きはフランス小説と伯圓の読み物を合わせた「日本娘」で七月二日開場する（千秋楽は二六日）。「大入ニ付　盆休み不仕候　三崎町川上座」の広告を七月一二日に出すほど、連日大入りであった[注11]。

場割りをあげよう。序幕　片桐元則住居、上野公園、二幕　根岸松平別邸、江戸川町片桐住居、三幕　函根温泉玉の湯、日比谷原、四幕　三崎町初音亭、松平別邸玄関前、同婚礼席乱入、

五幕　新小川町下村寄留所、同宅おたみ遭難、六幕　片桐たみ子病床、松平別邸離座敷、七幕　清国旅順付近苦戦、同中営神原改心、第一聯隊中隊野営、大詰　神楽坂毘沙門縁日、松平中尉凱旋。

川上が巡査神原操・清国人実は神原操、藤澤が元則妻おまき・華族松平昌、石田信夫が元則娘おたみ・松平夫人たみ子、元則息子主馬太郎が河村昶、中野信近が骨董商富田徳兵衛・曹長春山、服部谷川が豪農下村文右衛門、等々。場の転換には廻り舞台が使われていた。

筋は開幕前に四日にわたり紹介される（都新聞六月二五日～二八日）。片桐たみ（おたみ…のち松平夫人たみ子）と華族松平昌幸は偶々出会い、互いに一目ぼれ。話は順調に進む。二人の婚礼を邪魔する豪農の横恋慕で悲劇がおこる。豪農から金を巻き上げようという悪巧みを計画するのは川上の元巡査神原操、彼は婚礼の席に乗り込んでおたみの情夫だといい破談にする。しかしおたみは下村にはなびかず、松平恋しさで病気になる。この縦糸に日清戦争に従軍する松平とおたみの兄が登場し、最後は川上が改心して松平とおたみの結婚で終わる。旧弊な話であるが、近代的な部分は二人が互いに惹かれあったというところだろう。そして眼目は外題の「日本娘」ということだ。新聞の筋に次のような一文が載っていた。

此狂言ハ貞操の婦人と不貞の婦人とを出して善因善果悪因悪果「日本娘」を二通り見せる趣向なりしが貴婦人方の來觀を願はんとする川上座の舞臺に醜体を演出するハ面白から

ずとのある方よりの注意に序幕の返しに出でしおすず源一の道行より生ずる件《くだん》ハ悉とく除き随つて序幕の返しも同じ上の公演兩大師横手の道具なれど年老し神原三七郎ガ雇ひ主富田徳兵衛に虐使さるゝを松平家の家扶ガ是を愍然《びんぜん》に思ひて救助すると云ふ件に訂正したる由なり

（六月二八日）

神原三七郎は操の父である。助けてもらった恩を感じて最後に操は改心するという〈義と恩〉がここにもあった。そして外題の「日本娘」は「貞操の婦人」ということであったのだ。既に前年に高等女学校規定が公布されていた。明治の女性教育の規範として浸透していく「良妻賢母」、その候補者の純な「日本娘」が称えられ、幸せをつかむという筋である。戦争が終わると政府は、未来をになう若者の教育に力を入れていく。家父長制を強固なものにするためには「日本娘」は「貞操」を守る「婦人」でなければならない。そして新しい時代に沿うように規範内の恋愛と結婚（ロマンチック・ラブ）も推奨しなければならない。これが後に家庭小説に結実するのだが、「日本娘」はその始まりであったのだろう。川上は新しい劇場に新しい観客層——上流や中流の貴婦人を招き入れたかったのだ。

だが、上流や中流の女性たちは、豊かさに恵まれているから女学校へ行く。そこでは「良妻賢母」教育と同時に権力が予想もしなかった新しい思想に出会うことになる。国家の女子教育路線に必ずしも女学生たちが喜ぶとは限らなかったし、中学や高等学校へ通う男子になると更に予測不可能であったのだ。時代の流れをどう読むか、実はこれが新観客開拓における難しい判断であったのである。

ところで劇評欄だが、第一回川上座公演の劇評はこれまでの場合と異なり新聞の一面に出たり、他の芝居とは独立して取り上げられたりしていた。劇場ができたことによるのだろうが、その扱い方の変化に驚く。これはこの後も同様であった。

開場公演のあと川上は自分の劇場で早速義損興行を持つ。従軍記者追弔と三陸海嘯罹災者義損の為の公演で「日本娘」を二日間川上座で上演売上金を寄付している。八月には料亭で開かれた近衛師団司令部凱旋祝宴会に呼ばれ「台湾鬼退治」二幕を出す。

注記

11）川上座を開場したが不入りで失敗、川上座は人手に渡る…という話（ＮＨＫ制作・童門冬二監修「その時歴史が動いた」）がつたわっているようだが、それは偽りで、常に満員大入りであった。

8 川上座第二回公演以後

さて、川上座第二回公演は、「瞽使者」(「盲目使者」)(五幕)と「虚実心冷熱」(上下)であった(九月二二日〜一〇月一八日)。「瞽使者」は何とあのジュール・ヴエルヌの「ミッシェル・ストロゴフ」(森田思軒訳)であり、「虚実心冷熱」は「滝の白糸」上演で揉めた尾崎紅葉の作であった。前者は悲劇、後者は喜劇という扱いで登場する。「瞽使者」は白川宣力が原作と川上の上演台本との比較をしている(「川上音二郎とフランスものの上演」『早稲田大学理工学部人文社会科学研究第16』一九七八年三月)。

「ミッシェル・ストロゴフ」の台本[注12](一八八〇年一一月一七日パリ・シャトレ座初演)は二章でふれた「北京占領」同様に分かりにくい。わたくしの所蔵するもの(五幕一六場で各場に数シーンあり)と白川が記しているもの(「全体が2部に分かれ、第1部17章、第2部15章」一九二一年刊Hachette版)とは幕や情景などが異なる。装置転換のTableauxが一六場あり、各場が登場人物の出入りで更にシーン割りになっている。数え方は難しいが、筋はかわらないからここでは「瞽使者」と比較している白川論から筋をみよう。大筋は次のようなものだ。

シベリア地方に反乱がおこり、皇帝の弟大侯爵の地イルクックが狙われている。イワン・オゴレッフはかねてから皇帝に恨みを持っていてイルクックにシブシーの一群になりすまし向かう。皇帝は大侯爵にこの事を知らせるためにストロゴフを密使として派遣する。ストロゴフは商人に化けて行く。途中で母を探す娘ナディアと知り合い同行する。旅の途中でストロゴフは母にあうが密命を帯びているストロゴフは知らぬふり。それを見抜いたジプシーの女頭目が母を捉え、ストロゴフ等も捉えられる。母を拷問してストロゴフに名乗り出よといい、仕方なくストロゴフは名乗り出る。そしてコーランの法により、「盲目の刑」に処せられる。イワンは密書を奪い、ストロゴフになりすまして大侯爵に会いに行く、ストロゴフはナディアに救われて後を追い、大侯爵の居城を落とそうとするイワンの謀略を知らせ、救う。「盲目の刑」は彼の涙で果たされず、実は目は見えていた。

森田思軒訳は、前編一～一九場、後篇二〇場～三七場に分かれ、川上の上演台本は七幕二〇場の構成である（白川論文）。普仏戦争が舞台であった「ミッシェル・ストロゴフ」は西南戦争に置き換えられていた。台本には削除の場がいくつもある。都新聞に場割りと筋が載っているから引こう。

［序幕］大坪内務卿屋敷、同邸内芳香亭、芝愛宕山会合の場、［二幕］肥後国矢部郷淵邊景連の陣営、福岡藩中越智与左衛門の住居、［三幕］新荘河原、矢部山中、矢部豪農家の場、宇土町盡頭の茶店、［四幕］神隈川の邊、本福寺拷問の場、［五幕］田舎の野道庚申の祠、［大詰］千島家磯浜御殿　千島家邸内須藤五郎部屋の場、千島家広庭。

ミッシェル・ストロゴフに当たるのが、須藤五郎で川上、ジプシー女頭目が女剣客三枝勝子〈後男装して三枝三五郎〉で藤澤、イワンが勝子の夫で逆賊太田剛三で中野、逆賊に狙われている新聞社通信員で別れ別れになっていた勝子の弟吉田が柴田、脇筋で入る話の越智母子の〈賊軍に殺された父の仇探し〉はナディアの〈母探し〉にあたり、母は藤澤、娘は中島常行、五郎の母は石田など。ほぼ筋は似ている。西郷軍に鹿児島の千島家が加担しないようにと言う密書を持参する話になり、それを妨害する太田と勝子。しかし最後に勝子は五郎と従妹同士であることをしり、賊軍に追われていた新聞記者の弟の替りに名を名乗って殺される。五郎の名前を語るのは太田で、五郎も処刑されて盲目になるが、母を思う涙で免れて目は見えていて、逆賊は滅ぼされ目出度し目出度しで幕。

川上の五郎は、「騎兵曹長ガ振出しで商人に身を窶し盲目とまでなる變化多き役柄、座長ハ夫れだけの貫目自然と備ハりて出さへすればバ舞臺しまり熊退治の場（三幕矢部山中…五郎が越智兄妹を助ける…井上）勇壮にして面白く勝子最後の場に吉田と勝子の咄を聞く間の様子頗る好く盲目を装ふガ故に何處までも耳を傾けボンヤリしたる内にイザと云はゞ敵對ハん用事用意の見ゆるハ感服の外なく大詰に太田を取挫ぐ件ハ特意の處とて大喝采、一日の見處ハ此にあるべく左れど技藝上より云ふ時ハ我ハ勝子最期の場の盲目の容姿を取るべし」（一〇月二日）と評された。

川上が得意の変化で面白く見せている様子が伺える批評だ。この作品は、もともとフランス版も旧態依然とした〈変化〉（B実はA）を入れたエンターテイメントである。川上一座のものも西南戦争を背景にし、東京から熊本、鹿児島と巡る旅—場所の移動を入れたとはいえ、日本的な悪玉退治・親子の義と情・姉弟の血族愛などが書き込まれているに過ぎない。ここには何も新しいものは見いだせないのであるが、それは当時の人々には安全で受け入れやすい内容だったのだろう。

興味深いのはこの批評で川上よりも藤澤の「技藝」を褒めていることだ。藤澤が〈芸〉を身に付けて旧派視点の評者にも好まれる演者になっていることがわかる。少し前に高田實と川上が舞台に立っているときも同様であった。川上は旧派的評者にその演技を「技藝」が「上」といわれない。ここで川上が「下手」だと決めつけるのでは評者の視点と同じになる。川上の演技は、当時の評者の評価基準と離れたものであったのだ。つまり旧派の歌舞伎的演技の外に存在するものだった。おそらく〈明治の人々〉の日常的動きに近いそれ、同時代に生きる〈本当らしさ〉〈自然らしさ〉と呼んでいいものであったと推測される。これこそが新しい演技の登場であり、であるから新しさを求める同時代人に受け入れられたのだ。〈新しさ〉というのは、意識するとしないとにかかわらず、人は自ずと求めているものなのである。

紅葉の「虚実心冷熱」は、囲われ者の女性が隣家の書生に気のあるそぶりをして雪の中に屋外で長時間待たせ凍えさせた。騙されたと知った男は暑い夏に女を呼び出し戸外で待たせて、そのお返しをするという喜劇であった。男は藤澤、女は石田で大いに客を沸かせたようだ。

「一一番目の取合せ好く川上座組織以來面白き狂言なれバ毎日大入ハ不思議なければど流石川上座の狂言を選むに見識を有せるハ感ずべく新俳優ハ斯の如く今後傑作の小説を舞臺に演出して演劇改良の緒に附カん事を計るべし是實に卿等社會に對するの義務なり責任なり」と都新聞は結んでいる。

この時期の、この指摘――「演劇改良の緒に附カん」もこれまで言われてこなかったことだ。川上の始めた文芸作品―小説の脚色上演が演劇改良に繫がると評価され、新俳優の行く道を示唆し、しかもそれが客を呼んでいたということを記憶しておきたい。

この後、一座は一一月、一二月と名古屋（末廣座）、岐阜（国富座）、名古屋（末廣座）、大阪（浪花座）と巡業に出る。劇場は持ったが、手打ち興行ばかりでは借金の返済もあり収支が追い付かなかったのではないかと推測される。

明治三〇年、新しい年が明けると「川上座の又意外」の見出しで次のような報道が出た。

新演劇川上一座は（略）人気を得て忽ち一手に新劇場を建築する程の勢ほひとなりしは他目《よそめ》にも此上もなき新演劇隆盛と手を振つて喜びし者のありしが其實楽屋の遣繰《やりくり》は桟敷から見る狂言とは違ひて意外に意外の困難あり、一年僅か三四回の興行にては到底一座の維持も覺束なく債主からは責め立てられ逍《さす》がの川上も途方に暮れし

（中央新聞一八九七年一月二二日）

高利貸への返済に追われていたのだ。川上は歌舞伎座の井上竹次郎に相談し、株式会社組織にする道を選択する。改良演劇株式会社の名称で資本金九万円を四五〇〇株に分けて募集する予定であったらしい。他に井上は、劇場の運営方法についても新演劇と旧派の歌舞伎の両方を上演する方がいいと助言した。しかしそれについては新演劇俳優が反対した、と中央新聞は伝えている。が、その〈真偽〉は不明だ。株式会社発起認可を得るまで、三か月は待たねばならなかった。

川上座の正月公演は一八九七（M30）年一月三一日に始まる。また、ジュール・ヴェルヌの作品だった。井上勤訳「八十日間世界一周」八幕（第二章4節［注5］参照）の上演は、大入りで日延べ日延べで三月三日まで公演する。初日が月末になったのは、明治天皇の父孝明天皇の女御で明治天皇の嫡母［注13］となった英照皇太后（旧九条夙子）が一月一一日に亡くなり、その「大喪」のためであった。川上は「御停止」明けのあとも更に三日間休み、初日を開けた。遅くしたのは「遠慮した」からという理由が出ていた。

旅行者福原武雄が藤澤、福原従僕初田讓次が川上、二人で桑港（サンフランシスコ）～印度（インド）～香港～上海～横浜と巡る旅であった。これは「各國の都市港湾を見せ見物の目を喜ばすなどハ川上得意の技量なり」と喜ばれたが、原作はロンドンの独身貴族が執事を連れて、ロンドン〜ボンベイ〜カルカッタ〜香港〜横浜〜サンフランシスコ〜ニューヨーク〜ロンドンと八〇日間で廻る。日本的にしたために「巴里、倫敦、紐育などの大道具を見せられたく」と注文され、しかも「實ハ少いガ可笑い」「實ガないゆゑ面白くハない」「只々不思議だ實に愉快だよ」という異なる意見の人たちがいたらしい。いわゆる探検譚だからどうということのない話でそれが〈實がない〉〈不思議〉という批評になり、川上と藤澤の珍道中が面白かったから〈可笑しい〉と言われたのだろう。

次回作への注文もあった。「斬新奇抜なる演劇を見せられ何處までも新演劇の本領を失はざらん事を希望し置くなり」と。これは他の新演劇が「舊に泥《なづ》みて一變化を來さんとする」現状を批判し、そんな「中に立ちて此の一座のみハ最初の方針を渝《か》へず新演劇適當の題目及び狂言を撰定するハ都人士の賞揚して措かざる處なり」と川上の仕事に好意を示しているからだった。この評は最後に「舞臺上終日血を見ず淫猥を見ず兇悪を見ざるハ教育的と疾呼するも恥ざるなり目出たし〲」と結ばれた（「川上座の初興行」都新聞二月一八日）。未知の世界への冒険譚が面白いだけの作品であるという指摘は否めない。

東京朝日新聞にも「新演劇三座略評」で福井一座・伊井一座と共に評が出た。三座の中では一番長い評だ。都新聞とは異なり褒めている。

此狂言も筋ハ探偵ものなれど村正質でなくスラスラと脚色にて至極好き狂言と思はれぬ、川上の従僕初田譲治つまらぬ役なれど爲活《しいか》して面白く見せたり、藤澤の福原武雄役柄ハ主手にして爲す業《わざ》ハ脇役に書たるもの、人体ハ優に適して申分なし、中野の探偵岸田良一、役も嵌れり、業も優れり、寸間の油断なく幕毎の仕種に福原の擧動をバ目で視ずして心で視る働きハ感服、黨狂言中第一等の出来ナリ　（二月二六日第二回）

ついでに福井一座（「蒲鉾屋殺し」一月二七日初日）は、痴漢の役を座長の福井がやったようで、大受けであるが「痴漢の動作をあまり拵へ過たり」座長はこういう役はやってはいけないという苦言。伊井一座（「菅屋お文《すけやおふみ》」二月四日初日）は、銀行員島田役の伊井、「二千圓の負債に帳尻が合ず苦悶の所ハ眞情溢れて見えたり中幕に佐藤の由留巡査ハ呆氣ない幕なれど本役とて言所なし」とあった。

ここで、都新聞で批判された他の新演劇の現状を見てみよう。

大阪に成美団が新演劇の俳優たちによって結成されたのは、一年前（M29）の九月であった。制作は関根黙庵と大住文次郎で集まった俳優たちは川上のところに居た高田實・小織桂一郎・岩尾慶三郎・深沢清造と関西にいる喜多村緑郎・秋月桂太郎・木村周平・木村猛夫で、彼らも川上の俳優募集であつまった人たちだった。それぞれ理由は異なっても川上に不満の俳優が集まったと言われている。このあたりのことを渡辺保が『明治演劇史』に記している。

関根は川上の歌舞伎座初登場のお膳立てをしたのだが、二度目の「誤裁判」公演後に高田達を誘い東京で一座を立ち上げたがうまくいかなかった。今回は大住を誘って大阪で成美団を結成した。川上は、常にこうした俳優たちとの離合集散を体験しながら一座を運営して常に〈大入り〉を取っていたのだから驚く。

旗揚げ公演は、「明治四十有余年」「七人斬」だった。前者は一部名前を変えているが川上一座がかつて市村座で上演した「明治四二年」（M28）で、「七人斬」は実際の事件を岩崎蕣花が脚色した実録ものだ。川上一座がこれまでやってきたレパートリの範疇を出ていなくて新鮮味がない。彼らは一八九七年一二月に解散するまで一一回公演を持つが、川上と同じような題材を上演し、かつ黙阿弥作品の「焼き直し」（渡辺保）や、歌舞伎作品の設定の取り込みなどがあり、新しい観点からの舞台が作れなかったのである。つまり新演劇の川上一座や旧派の歌舞伎の〈いいとこ取り〉をしていたと言っていいのかもしれない。そして結局、何人かは川上の所へ戻り、別の人たちはまた集団を作ることになる。失敗の原因が、制作者中心であったところにあるのか、それとも上演作に新しい進展が見られなかったからなのか、明らかではない。が、この集団から旧派よりの「技芸」を重んじる俳優たち、例えば喜多村緑郎［注14］や高田實などが出てきたということは指摘できるだろ。

東京にいた伊井蓉峰も同様であった。彼も川上一座にいた。川上に嫌われていい役が付かず一座を出たと言う説がある。それが〈真か偽〉か、不明だ。川上は伊井に限らず俳優に入座そうそうから〈いい役〉は与えていない。伊井が入座した頃「明治二七年」の正月広告には〈川上・藤澤・岩尾・小織・水野・高田・福井〉の名が連名で都新聞に載っている（一月二日）。川上の人気が出てどのくらいの入座志望者が集まったか掌握できないが、まだまだ伊井は名前のでない俳優であったと考えていい。いずれにしろ伊井は三作品（「意外」「又意外」「日清戦争」）で辞めている。伊井は、川上の所にいた佐藤歳三・水野好美と三人で「伊佐水演劇」を立ち上げ、翌年に伊井一座を作る（一八九六〈M29〉年）。

柳永二郎が作った「新派五十年興行年表」（双雅房一九三七年）を見ると伊井の登場は、一八九一（M24）年の浅草済美館（元吾妻座）で依田学海の主張で持たれた〈男女混合改良演劇公演〉（二章で既述）である。その翌年五月六月芝の盛（森）元座公演、九三年七月吾妻座の福井茂平衛・佐藤・青柳・秋月・木村・喜多村緑郎等との四回で、九四年の川上一座「意外」、「又意外」「壮絶快絶日清戦争」に参加。その後ここを出て、翌年三月の浅草座「大発明」（伊井・佐藤・水野・喜多村・木村猛・福島）、七月市村座「未来の臺灣」「道成寺」（伊井・佐藤・水野・粂八）、九六年四月浅草座「侠客木曾富五郎」「勤王美談野村三千三」「日高川」伊井一座立ち上げ（伊井・佐藤・水野・福島）、五月浅草座で伊井一座「御利益」「小牧山大激戦」「五条橋」（伊井・佐藤・福島・藤井六輔）、九月市村座で一座名無くなり、「侠藝妓」（伊井・山口・福島・佐藤）、一一月浅草座「七人斬」「本朝廿四孝」（伊井・佐藤・福島など）で、先に東京朝日で評を引いた二月の公演へと続く。

一八九六（M29）年までの演目を見ると、川上一座が上演してきた作品群と共通し、他に「道成寺」「「日高川」「五条橋」「本朝廿四孝」など、旧派に属する作品があることに気づく。こうして伊井も旧派の技芸に傾斜していくのである。

多くの先学の指摘があるように後の「新派」への道筋がこの時期の川上一座を除く新演劇俳優達に形成されたといってよく、〈本当らしさ〉は、歌舞伎でもなく川上の新演劇でもなく、固有の「新派」という様式美の中に後日結晶することになる。


さて、川上一座は一八九七年三月〜四月と函館・仙台と巡業し各地で大入りが続く。帰京した四月末に「改良演劇株式会社」の許可が下りたと報じられる（都新聞四月二九日）。さっそく六月五日締切の株式募集広告を出す。一株二〇円で一株に付五〇銭保証と書かれていた。

五月二一日から始まった四作目も、またジュール・ヴェルヌ作「鉄世界」だ。そして訳者も森田思軒。原作は普仏戦争後の話だが、いつものように日本バージョンにしている。都新聞が簡潔に筋に触れているから引いてみたい。


長壽村を設立せる醫學士相良善一郎ハ優美なる佛國、短命村を設立せる理學士宍戸二郎ハ武に猛き獨國なるべしと解し得られぬ扨今回の劇にハ鑛毒事件やら布哇《はわい》不法拒絶事件やら貴族院議員の令嬢ガ一子を生《な》したる本夫ある身で書生役者と不義を働き終に其本夫其母其子を棄て、書生役者と駆落する件やら種々に當込みたる節もありて見物を喜バせ居れど長壽村短命村と云ふ名カらして日本人（理想に乏しき見物）にハ異様に感じ其人情の異る點より感動を與ふる事の少きハ遺憾と云ふべし

（五月三〇日）

日本人の見物が理想に乏しいという指摘も中々言い得て妙だ。その上に今日的な三つの事件が挿入されたのだ。鉱毒事件とは、この年の三月に足尾銅山鉱毒被害民二千人が東京へ出発したが、途中で阻止され八百人が上京して請願運動を開始したことを指す。一八九一年から田中正造が度々国会で質問したが、政府は何の対策も打たなかったから、被害民たちは行動に移した。世論が高まったために政府は足尾鉱毒事件調査委員会を設置し鉱毒予防令を出すが、抜本的な解決にはならず、農民たちはこの後も何度も行動を起こしている。その結果が田中正造の明治天皇への直訴になった（一九〇一年）。

「布哇不法拒絶事件」は、日本人の移民がハワイへ到着した時上陸を拒否された事件だった。二月・三月・四月と連続して三回拒否され、ついに五月に日本政府が抗議する。解決には時間がかかり翌年の七月にハワイ側が賠償金を支払って解決した。

貴族院議員の令嬢の件は、九州の炭鉱王と結婚した柳原白蓮の年下男性との自由恋愛が有名だが、それは十余年後の話だ。この令嬢は、夫と子供を置いて家を出た。いわゆる〈妻の飛び

出し離婚〉である。「江戸から明治前期においては、明治民法制定後よりも、離婚率が高かったというデーター」がある。士族の場合は届け出を必要とされたが、「大名・旗本の離婚率は三〇パーセント」に及び、農漁村では、結婚も離婚も再婚もこだわりなく自由な考えで行われていた。妻は家を〈飛び出〉して離婚すればよかったのだ。ところが政府はこれを阻止するために明治民法に離婚の項目を入れた。実施は、川上の芝居の翌年一八九八（M31）年で、これにより「妻の離婚請求に対して、夫が同意しなければ離婚の届け出はできないこと、つまり妻の飛び出し離婚の抑制」（高木侃《ただし》『三くだり半と縁切寺　江戸の離婚を読みなおす』講談社現代新書　一九九二年）につながったのである。国家はあくまでも家父長制を維持するために女たちを虜にして縛り付けていくのである。貴族院議員の令嬢であったから、丁度いいゴシップになり、それを川上は取り入れたのだろう。視点は次の評に見るように「淫婦らしき處」という否定的な形象だ。

序幕　衛生會堂（ここで川上の相良善一郎が演説をし、見物には大受け）、待合春の家の場（柴田が書生役者浮島、「只悪黨らしいと云ふ丈で見榮がしない」という。書生役者は批判的に描かれていた）、おなみ住居の場（藤澤の善一郎妻みち子、「何處か淫婦らしき處見えて宜し」というからこの役が貴族議員の令嬢を仮託されたようだ）、二幕　相良住宅の場（川上の相良「赤兒を抱きての述懐上出来」、ここで夫と子が残される）、同奥座敷の場（銀行頭取は小西）、三幕　理髪床の場（川上の二役で羅苧のすげ換常藏、本役よりこの方がいいという評あり）、四幕　銀行頭取澄田宅の場（川上の相良、「勤厚篤實なる學者風」森の宍戸二郎、「一本調子」で高田だと良かったという評）、紅葉館送別會の場（浮島が登場している。川上の相良、「盃を挙げて諸君の健康を祝すといふが幕切にて大喝采」）。そして「芝居を放《はな》れて愛嬌ハ成程新俳優の總元だよ」（都新聞六月一日）と川上を褒めている。

どこで足尾鉱毒事件や布哇不法拒絶事件をいれたのか、台本がないからわからない。

東京朝日新聞に竹の屋主人（饗庭篁村）の長い評「川上演劇評」（六月一日第二回…一日二回出ていて現在の夕刊に当たるのだろう）があった。これが初めての竹の屋評だ。竹の屋は「壮士演劇嫌いで通って」（松本伸子）いたらしい。松本は翌年の「衆議院」の竹の屋評東京朝日新聞に「頻繁に現われるようになる」と述べたが、この「鉄世界」から竹の屋は毎回批評を書いている。

饗庭はまずこれまでの川上演劇を「書生芝居の名も古く、今ハ技藝も其座にかなふほど熟したれバにや此座の此興行観るべきところすくなからず」と概観、ついで内容を記しているから簡略すると、「突然三百萬圓といふ莫大な遺産を引渡さるるといふが先づ肝の潰るゝに」それを「争うものあるに至れバ」折半し、相良が長寿村を作り、守戸が短命村を作り、そこで巨砲を作ってその中に毒ガスを入れ長寿村の数百人を殺すなど、この辺りが「とても人情にこたへぬことゆゑ此芝居に馴れざる我輩などハ只呆然と致したるのみ」。原作は前者がフランス、後者がドイツという設定のフランス国民の戦意高揚のための小説であったというが、現実味のない空想小説のようだ。

評者は藤澤相良夫人の不貞を「徒娘《いたづらむすめ》」、〈明治のお岩〉〈秀調の假聲《こわいろ》〉と評し、大切の夫人改心の場（川上・藤澤・石田）を大いに褒めているから、やはり視点は〈良妻賢母〉という倫理観――家父長制が求めるに〈妻の姿〉で幕にしていたことが分かる。

饗庭の評からも足尾鉱毒事件や布哇不法拒絶事件の件は分からないが、「電話交換局機械室の場」があったようで、そこで話されたと推測できる。「筋に関はりたる事にもあらねどいと珍らしこゝら書生芝居の特色といふべし」と最後に結んでいるから、ここで時事問題を入れたのだ。

更には川上の二役常蔵が「理髪店の場」で新演劇の現状を批判したようで、「書生役者の風儀の悪しきこと、又分を忘れて舊演劇の眞似のみしたがり白粉にて己が体面を塗り消すことを誡めし臺辭《せりふ》大氣焔といふべし」と特筆して、川上の〈新演劇俳優の旧派の真似〉批判に、評者饗庭も大賛成と記している。やはり、新演劇俳優の歩み方には批判的な見方があったのである。

筋に関わりない時事問題の挿入も観客は大喜びで大入り、これも六月一一日まで日延べされた。川上一座の大入りは続いていたのである。これで〈新劇場川上座の不入り〉という説は「虚」であることが証される。

川上座の株募集は六月一〇日に「満株に付御申込株ハ謝絶申上候」と萬朝報に出る。そしてまた、一座は巡業に出る。六月一五日から横浜蔦座で「八十日間世界一周」（大入り）、七月は名古屋御園座で、伊勢古市長盛座、八月～九月は伊勢松坂相生座、京都常盤座、九月～一〇月が神戸大黒座（二の替りは「瞽使者」）。皆初日以来「売切の好景気」であった。あまりの売れ行きで一座を呼びたいという誘いが集まり、断るのも困難であったようだ。それが原因で京都の料理屋で川上は暴漢（やくざか…）に殴打され怪我をする。「川上の遭難」「川上音次郎の遭難」「川上音次郎京都にて暴行に逢ふ」「川上袋叩きの原因」「川上遭難餘聞」等々、九月初めの各新聞は大きく記事を割いていた。この怪我のために二日ほど公演を休み、三日目に包帯姿で京都常盤座の舞台に立つと、これがまた人気となって「小家も破《わる》るばかりの大入」（都新聞九月四日）であったという。

九月に川上が代議士に立候補するという記事が読売新聞に出る（九月四日）。郷里の福岡から「候補者として現れ出でん筈なりとて人に向ひて其趣意を反覆詳述したる由」ということであった。そして川上は神戸の大黒座を打ち上げると福岡入りしている（次章後述）。

帰京した一座は一一月の川上座公演を持つが、それは川上のいない舞台であった。新作「義侠の犯罪」（村井弦斎作）と「梅田雲濱」で、後者は藤澤の立案だ。梅田雲濱は実在の人物（勤王美談で有名）で、一一月三日に若州小濱で建碑式があった。そうしたことも考慮に入れた作品であったのだ。川上の留守を埋めるために静間小次郎が参加している。前者は代議士髭野の選挙とそれを助ける壮士、彼らが対抗馬民野を暗殺する。民野の妹れんは髭野をうらみ仇を討ち、その後自首するという法律のからむ話。主人公れんは藤澤が演じた。「此狂言の脚色ハ高尚にして」面白い。「舞台一面血紅で汚す残酷なる狂言と八雲泥の相違なり」、新演劇はこうあるべきという作品選択を褒める文言が続く。川上の立候補に関連させてこの小説を取り上げたのだろう。

他方、勤王美談の「梅田雲濱」は、「素湯《さゆ》の中へ跡から赤い砂糖を入たといふ気味合にて一向に味はいなし」と評される。俳優（石田・藤澤）の「臺詞も仕種も總て舊劇」、劇中の捕り物の立回りには「鳴物入りの新舊混交」だ。勤王美談は新演劇の「縄張もの」だから「あまり舊劇にかぶれぬやう注意ありたきものなり」（都新聞）という批判が出る。この時期の評をみると、新俳優の舞台作りが新演劇と舊劇との間で迷い、かなり旧劇に傾斜していて、それを批判されていることが理解される。

独自の道を行く川上は舊劇に傾斜しない俳優の一人であったが、多くは違った。結局こうした現状が「新派」という領域を必然的に作ることになり、批評家たちも新しい〈現代的な〉歌舞伎を見るような思いで批判しなくなるのである。

注記

12）この台本も松本伸子氏から譲られたものである。発行年が判読できないが「一九三〇年七月七日」

のスタンプ印が欄外にある。受入日だと推測されるが…。
最後の頁に［LES VOYAGES EXTRAORDINAIRES ŒUVRES COMLÉTES DE JULES VERNE］［COLLECTION HETZEL］とある。

13）明治天皇は、父孝明天皇の典侍中山慶子（権大納言中山忠能の娘）が生んだ男子だ。孝明天皇にとっては二人目の男子であったが、第一子が他界し、他に男子がいなかったため後に正妃の准后女御（九条凪子のち英照皇太后）の実子（養子）となったと言われている。孝明天皇と皇太后の間には皇女が二人、他の典侍との間にも二人いた。二月二日に「御發棺」七日八日に「御埋棺」でその日川上座は休業した。

14）喜多村緑郎には、『喜多村緑郎日記』（演劇出版社一九六二年）がある。これは大正一二年から昭和四年までの日記が収められている。二〇一〇年から〈昭和五年〉竹の屋評以降の日記が三巻本で八木書店から出版された。喜多村の日記は、早稲田大学演劇博物館（昭和五年分）・日本大学総合学術センター（昭和六年以降）に所蔵されている。
喜多村は、柳永二郎が作成した『新派五十年興行年表』（双雅房一九三七年）の序で、新派の起こりを記述する一文で、川上を青柳捨三郎・山口定雄・福井茂平衛などと同じ位置づけをしている。川上の仕事をどうやら評価していないようだ。

9　川上座最後の上演作品

川上は一八九八（M31）年一月と八月に衆議院議員に立候補する。これについては海外渡航につながることでもあり、三月～四月の市村座公演「金色夜叉」と共に別立てで触れることにしたい（次章）。

そこで「金色夜叉」上演後、最後の川上座の二公演「畜生腹」「可爾《かに》大尉」（四月二九日初日）と「衆議院」「幻影《まぼろし》」（七月一四日初日）を簡単にみよう。

まず、「川上音二郎出勤」の広告が出た「畜生腹」。これは本格的文芸作品で広津柳浪の長い小説（上中下）であった。小説は場が変わらず家の中、心の動きが主の深刻な話で、舞台化困難な作品だが、川上のアイデアを入れて花房柳外が脚色する。

序幕に丹治夫婦が力蔵の孤独を憐れみ東京へ連れ帰る「大磯濤龍館の場」を入れる。力蔵は九州の士族のなれの果てにし、妻子のあった者にしてお近を殺して自首する件へ子役を絡ませる（大詰「丹治宅裏門力蔵別れの場」）。観客には大受けであったという。川上はじめ「相方の俳優が皆熱心で其役々を能く呑込で演るゆゑ非常に面白く感じた」と東京朝日新聞の東帰坊（幸堂得知…根岸党の評者［注15］）は書く（五月一〇日）。

東帰坊も書いているが、双生児や三つ子などの子が生まれると〈畜生腹〉といった差別的な見方が、長い間流布していた。それが原因で殺すことになるのだが、川上の工夫は「此陰気な狂言を引立て観客《けんぶつ》を倦《あか》せぬやふにして見せる（略）お近の殺しも風變りで細引を伸し雨戸の内外で争ひお近ハ引寄せられて雨戸と共に内へ倒れ途端に力蔵が縄の端を持て姿を現はすといふ新手ハ面白し」と川上の演出を褒める。更に子供との別れも子役を使ったが、子役には「多く口をきかせず極サラリとして観客を泣かせるハ優の得意であるが例《いつも》ながら感服せり」

川上が舞台を構成する演出者として能力を発揮している様子の分かる批評だ。川上はアイデアマンで構成能力があり、状況把握に長けていた。この辺りが他の新演劇俳優とは異なる点であり、いたずらに技芸に拘り旧劇の模倣をしなかった要因でもあると思われる。

「幻影《まぼろし》」と「衆議院」の二本は、川上座で上演する一座最後の作品になった（七月一四日初日）。川上の衆議院立候補と高利の返済とで劇場の維持が困難になり、売却せざるを得なくなるからである。

さて、「衆議院」は新作喜劇である。川上の第一回立候補（落選）の経験を書き込んだもので、川上の演じた議員梨園好太郎が、議場で「演劇保護案」の論を展開する。川上は国家の演劇保護政策を考えていたのである。

竹の屋主人（饗庭篁村）の評があるから見てみたい。「衆議院」は前半と後半に分かれていたようだ。前半は、甲州山家の財産家へ婿養子に入ることになっている東京の紳士がいる。道中で財産家の放蕩息子にあい、財産家の家を旅館だと教えられ、そこで起こる混乱が笑いの中に描かれた。

「川上の紳士松野と柴田の放蕩息子が甲州在松島の小料理店にて出合の場互に弄り合ふ對話の模様ハ能狂言にて傍《わき》を向いて我が心を云ふ体大阪俄の同じ体を取りて新らし西洋のアサイドといふも此の傍《かたわ》ら語《ことば》なりとか、此の狂言も西洋もの丶の翻案よし舟渡聟を油濃く仕立たる趣きあり」(「川上座略評」東京朝日新聞七月二一日)

「船渡聟」は三〇分余の狂言で、和泉流や大蔵流では船頭(実は舅)の役まわりが異なるようだが、舟に乗った聟が船頭に持参予定の酒をねだられ、飲まれてしまうところは同じだという。揺れる舟の中の演技が面白いと言われている。

この前半はかなり上手に作られていたようだ。後半が「衆議院」の名の本題で、田舎紳士がおだてに乗って選挙に出る。金力を使って当選、「議院の初舞臺に大ヘマをやり大恥辱をうけたる結果が身代潰といふ箆棒《べらぼう》議員を諷したるもの」という。川上は金力を使っても落選し劇場まで取られることになるから、まさに川上自身の出馬の顚末を自嘲しているような芝居である。

この後半は前半の良さに比してよくなく、「其滑稽の下卑たること前座話のごとく西洋料理の不慣洋服の不恰好などの悪落二十年も前の團々珍聞を繰り返すなり」と非難している。ところが観客は大喜びで大入り続き。評者はこれを皮肉って「此座の仕合喜劇の不仕合」と言う。

川上がこの芝居を舞台に上げた眼目は、大詰めの議場で川上演ずる梨園議員の演説にあったと思われる。ここで国の演劇保護案を提案したらしい。演劇に「せめて一萬圓でも能《い》いから政府から保護金を呉れろ」と討論を進めると議題は議員の「大多数の賛成忽ち可決となるこれもまた大喝采」、政府の演劇保護……夢のような話を明治という時代に川上は考えていたのだった。

その上、選挙に札びらが飛び、無能な議員が誕生していることを舞台上で揶揄し、筋に関わりのない政談演説が何度も出たり、「有権者を脅迫して壮士の亂暴、賄賂御馳走のいやしき狀《さま》など可笑くもまた情なく時節柄多少の辛味ハありといふべきか」と、この年三月に行われた衆議院選挙と関係付けた言説も竹の屋から出たが、川上の立候補と敗北には触れていない。川上としては、どうにも選挙への憤りと総括を芝居にしなくては収まらなかったのだと推測される。川上の出馬については次章で触れたい。

「幻影」は、一八九五年に歌舞伎座初登場で上演した「因果燈籠」のタイトルを変更し、若干の訂正をして上演したものである（2節参照）。竹の屋主人は「壮士芝居の煮返《にかえ》し物ハ好もしろからず新鮮の新狂言こそ見たけれ」と苦言をていし、しかし一座の「評判高きハ目出たし〳〵」と結ぶ。川上の新しい発想は現実と無関係には生まれなかったことが、川上座最後の公演でも、わたくしたちは確認することができる。

この川上座最後の公演を知ると、演劇への国家の援助を求めて衆議院選挙に立候補した川上の胸の内が分かってきて、先駆者の敗北の哀しみが見えてくるような気がするのである。

注記

15)「劇評家の中で根岸党と呼ばれた人々、すなわち、森田思軒、関根黙庵、幸田露伴、饗庭篁村、幸堂得知、須藤南翠等の壮士劇に対する姿勢である。ほとんどの新聞が壮士劇評を掲げるようになった時点でも、これら根岸派劇評家の名を其処に見ることはなかった。(略)藤沢浅次郎と久保田米僊が知己であった関係から、まあ一度見物してみようという話がつき、二十五年十一月の鳥越座で『人命犯(原作・書生の犯罪)』を総見することになり、篁村だけが節を曲げずに不参加だったが、とも角壮士芝居の面白さがすっかり気に入ってそれ以後、根岸党は川上を声援する評をかくようになった、という。」(松本伸子177頁)

特に幸堂は「密に前から見てゐて、川上の藝には感心してゐた」(関根黙庵「思《おもひ》で多き川上君」『歌舞伎』139号)

壮士演劇、書生芝居、新演劇と名称が変化した新俳優たちの舞台は、劇評家たちに中々受け入れてもらえなかった様子がよくわかる。

10　歌舞伎座の新俳優大合同演劇

歌舞伎座の夏興行（M31）は「日本新演劇」の公演で、川上・藤澤・高田・佐藤歳・水野・小織・石田・河合・柴田・服部・日野・藤川らが出演した合同公演であった。

歌舞伎座公演がこの時期に新演劇俳優の大同団結公演をもったのは、市村座の「金色夜叉」公演後の騒ぎと関係していた。次章で触れる「金色夜叉」が市村座で四月一二日に終了すると川上に関する〈殴打事件〉が新聞紙上を賑わす。

一三日の夜「壮士役者川上音二郎及び手代谷口喜作が市村座前にて出方其他の者に殴打せられた」という記事で、時事新報・毎日新聞・中央新聞・読売新聞・都新聞が一斉にかなり長い文章で報道した（一四日付）。「袋叩き」「半殺し」等々かなり激しい文言が並ぶ。〈川上が市村座以外の座には出勤しないという約束を反故にした〉と言うのが原因で、〈真と虚〉の入り乱れた話が出回る。

川上は三日後に「半殺し又は袋叩にされしなどぎよう〳〵しく風説する者有之爲に御見舞被下候御方もありますが右は小生をねたむ者の奸策にて大うそですから御安心下さい○世の譬へにも出る釘は打たるゝとかでイヤハヤうるさい事です○御推察を願舛と御ひゐき様方へ謹而告ぐ

るものは　川上音二郎」（中央新聞）と広告を載せる。そして川上座の五月公演「畜生腹」が報道された（四月二八日）。

他方市村座の出方は、川上座川上音二郎に宛て謝罪広告を出す。「市村座の出来事より川上音二郎谷口喜作氏等を殴打抔《など》事實無根の事を各新聞へ通信して尊下等の名誉を毀損したるは言語道断不届に付爾後謹慎を誓ひ茲に公然謝罪仕候　市村座出方中　川上座川上音二郎殿」（中央新聞四月三〇日）

歌舞伎座の井上竹次郎はこの騒動の市村座と新演劇関係者を集めて「手打ちの宴を張った」（四月二八日木挽町萬安）らしい。松本伸子は読売新聞の七月二日の記事からこの顛末を記している。この時出席したのが、川上・高田・藤澤・佐藤等の新演劇関係者と市村座の座主岩谷天狗で、その席で歌舞伎座の合同公演が井上から出されたという。四月の会合で八月の公演の話が出されたかどうかは明かではないが、旧派の歌舞伎停滞が続く中、夏枯れ時に客寄せするつもりが歌舞伎座側にあったのだと思われる。

一八九八年八月一三日初日で二週間、新俳優大合同演劇と銘打たれて「又意外」と「三恐悦」を舞台に上げた。これまで別々の集団で公演をしていた新俳優たちが歌舞伎座に集合したと考えればいい。喜多村緑郎はいないが、岩尾や木村等と大阪角座でこちらも「是又意外」（八月二一日初日）を出している。

川上一座が一八九四（M27）年に初演した「又意外」は、新演劇の俳優たちによって何度も舞台に上がっている。松本は、この公演の候補作は別にあって、種々の理由で「又意外」に落ち着いた状況を記している。が、結局の所大合同では稽古日数をとらなくても可能な、演じ馴れている「又意外」が選ばれたのだと、わたくしは推測する。というのも川上は八月二日に実施された第六回衆議院総選挙に、二度目の立候補をしていたから、とても新作上演は望めなかったと思うし、しかも新作「三恐悦」は稽古時間もなくて一三日の初日には間に合わず、遅れて幕を開けても舞台は散々な状態で観客の不満を買い、引っ込めざるを得なくなるからだ。

　中心の川上が選挙に敗れ劇場を手放した上、「又意外」はいわゆる際物で、初演からかなり時間がたっている。その上「又意外」はどこでも大入り続きであったから、大半の新演劇の観客はこれを観ていたと考えていい。新作が売り物の新演劇の、それも初めての合同公演には向かない作だ。まさに負の条件が幾つも重なっていた上での上演だった。劇評を見てみよう。

　竹の屋主人の批評は八月二〇日に出た。旧作の再演というところから始まる辛口批評だが、当時の演劇界の様子や芝居の内容の分かる興味深い指摘もある。

　初演以来、「其の評判を付廻しに諸国を打廻り意外々々の入りを得たるより此の狂言ハ壮士芝居の獨参湯のごとくなりしものなりとぞ、(略)相馬事件といふ際物を離れて二番煎じを出して見ると生姜一片古方の配劑、(略)書生芝居壮士俳優を唯日本新演劇大々的一座と自分で立派にした丈なり、左れど明治座を大阪俄にて踏あらし、此の歌舞伎座に大々的一座の旗を翻へすハ、舊劇大凹みの一現象、意外黨大氣燄の期《とき》といふべし、作評と云へバ秋元欽一といふ書生ハ初對面も同じ華族の妹とさし向ひ何んでも金づくの世の中だから金さへ有る女なら跛《びつこ》でも鼻缺でも女房に致しますといふと（略）華族の妹は（略）是から義理ある兄久世重美を殺して其の財産の半を取らんと巧みはじめるなどハ意外なり」とあり、さらに「六歳七歳《むっつななつ》になる重美の子を家扶の阿部と妹の辰子が抱き出して雨の降る中芝金杉の鐵道線路に横たはらして汽車往生をさせやうとするなどの持て廻り方又々大々的意外の作といふべし」というから相馬事件の「又意外」とは異なる〈意外〉な部分がある。つまりは〈金と殺し〉が同じだけなのだ。しかも妹に殺されたということが世間に分かると華族の「面汚し」だから内分にしてくれと久世子爵が「耶蘇教の先生に遺言」し、そのために妻に嫌疑が掛かるというは、「ナンボ華族を馬鹿にするとて餘り氣のよき作り方なり」と評された。裁判所の場面、幕開きに廷丁が居眠りしている間に傍聴席から書生が一人出て廷内で演説をする「滑稽」は、旧劇にはない演出で「誠によし」（東京朝日新聞）。

何という現代的な演出であろうか、川上はまことに面白い舞台を作っていた。

久世子爵は川上、妹辰子は藤澤、家令阿部は高田、久世夫人は石田で、竹の屋の芸評は「大々的一座」ゆえ「皆々それ〳〵よし」と皮肉交じりに褒めていた。

伊原青々園が都新聞に三日間連続（八月二四日～二六日）の長い劇評（上中下）を載せている。竹の屋とは全く異なり俳優の技術評が主だが、ここにも注目すべき指摘がある。藤澤の役は、「箱根の宿に泊まり合はせたる書生に思を掛け」、兄を「毒殺して財産を奪ふといふ大役、能く今の時勢に適まりて作意ハ面白けれど筋道があざときゆゑ深く見物の同情を買ふに至らず」、藤澤は「鬘附がわるき上に腰から下が女の姿に成らず」、「此の優に限らず大悲嘆大煩悶など肝腎の正念場といふ處へ往けバ科《しぐさ》も白《せりふ》も寫實を外れて歌舞伎になりたがるハまだ〳〵　壮士芝居に獨得の表情術といふもの丶出來○上らねバなるべし」「喜怒哀楽の情を舞臺の上で如何なる形に現はすべきか、此の難問を解釈し且つ實行したるものが未來に於る日本新演劇の大立者なるべし」、そして高田は演技のし過ぎ、川上と石田は品格が華族らしからぬ、服部と小織が法廷の場で「大気焔を吐く處いづれもよし〳〵」、裁判の場の小西と柴田の弁護士の弁舌は壮士芝居独特の場で、団十郎も菊五郎も「真似のできぬ仕事なり」、川上の二役憲兵は、最後に「鳥渡《ちょっと》と出るまでながら何となく舞臺の引締まるハ感服なり」

伊原評は、新演劇の演技が旧派の歌舞伎に傾斜していることや弁論の場の見事さを指摘している。写実で語ることは得意の新演劇も、感情を表現することの、特に女の表現の困難さに直面していたのだと思われるが、これは女形には無理な要求で「型」に逃げざるを得ないのだ。自然な感情表現は、女優の登場で初めて可能になる舞台表現であるからだ。

伊原は汽車の殺しの場についても言及して、「此の場にて汽車の進行する處を見せぬハ與助が際どい場所にて子供を救ふという狂言の山が引立ずしてゐるし（略）兎に角この大芝居で其れくらゐの道具ハ張込みても宜かるべし」「廣い舞臺に狭く道具立をしたるハ役者の都合か経済の都合か知らねど厭《あ》かぬ心地したり」と、歌舞伎座の道具を批判した。歌舞伎座は金を掛けずに利益を生み出そうとしていたのかもしれない。「三恐悦」評判が悪くて、当初出さなかった「又意外」の大詰め「北海道の雪の場面」を後から入れた。高田の阿部と佐藤の警部の場で、これは大道具に金を掛けたらしく伊原は、「大詰の夢の場ハ北海道の雪の景色に電氣をあしらへて第一道具が綺麗なり、雪の積りし屋根の上での立廻りも大いによし」と書く。

「又意外」は、時代の風潮でもある〈拝金主義〉を〈色〉と絡めて取り込んでも、〈女〉が自身の欲望——それも一目ぼれ——を通すために殺人を犯すという古色蒼然とした話が発端の内容で、ここには新しい思想はない。新演劇スターたちが一堂に会した公演と言うだけで〈御贔屓〉は付いてきても「明治」に生まれた新人類はこれでは観に来ない。公演には観客は相変わらず押し寄せていたようだが……。

「三恐悦」については、伊原は観ていない。竹の屋[注16]の〈生姜の効いた〉批評を最後に引き、詳細は松本伸子が記しているからそれを参照されたい。

「これ佛國有名の喜劇を翻案せしものとなりいふ、其の趣向單純のやうにして混雜し分からぬ者にハなか〳〵　分からぬものなれど其ハコメヂイと聞て刺身に作ツて貰ひたいといふ俗物のこと、佛蘭西の香でも嗅いだ事のある所謂佛臭紛々たる開けた輩《やから》にハ其のものなりといふだけより以上の興味を感ぜず、喜劇といふもの見物の身にとりて或ハ悲劇と感ぜらるゝものなきにあらず作者役者とも豈大々的注意なくして可ならんや」

この年（M31）、川上音二郎ばかりでなく新演劇全体が、次を探さなくてはならないターニングポイントの時期に来ていたのである。が、それに気付いていたのは川上一人であったと推測される。まだまだ新演劇は、これまでの蓄積した演目と旧派を真似た演目との混合上演で生きて行かれたからだった。

注記

16）饗庭篁村（一八五五〜一九二二）は海外生活をしていない。読売新聞の記者をしていた。エドガー・アラン・ポーの「黒猫」やディケンズの「クリスマス・キャロル」を読売新聞に翻案連載している。筆名は竹の屋主人・龍泉居士・太阿居士・南傳二など。［注15］も参照されたい。

終章

「金色夜叉」初演から海外への旅立ち

音二郎と貞奴、選挙時か、あるいは茅ヶ崎の庭か…。
川上初・新一郎提供
資料撮影：坂本麻衣

1　「金色夜叉」［注1］

文芸作品の劇化上演は現在も盛んに行われているが、新演劇における本格的文芸作品の上演は、紅葉・鏡花の「滝の白糸」を川上音二郎一座（川上の村越欣也、藤澤浅二郎の白糸）が駒形の浅草座で初演したのに始まる（一八九五年一二月四日初日）。以後、「金色夜叉」「己が罪」「無花果」「不如帰」「婦系図」等々が続けて舞台に乗り、ついには新演劇の重要なレパートリーになった。新演劇（のちの新派）は明治の新聞連載家庭小説の脚色上演で不動の地位を築いたといってもいい。わたくしはこれを〈明治近代社会との蜜月演劇〉と名付けている（『演劇の100年』『20世紀の戯曲　Ⅲ』社会評論社　二〇〇五年）が、ここで取り上げる「金色夜叉」の度重なる公演がそれをみごとに物語っている。それを明らかにしながら川上音二郎の足跡をみていこう。

川上は、明治の大ベストセラー「金色夜叉」を市村座で初演する。一八九八（M31）年三月二五日〜四月一二日であった。川上の「滝の白糸」に始まる本格的文芸作品上演もここに至って頂点に達したと言っていいかもしれない。なぜなら川上一座が上演してきた文芸作品の中で「滝の白糸」と「金色夜叉」だけが、初演以来、新演劇集団により何度も再演が繰り返されてついに新演劇の重要なレパートリーになっていくからである。その道をつくってきたのは川上一座であった。

しかし奇妙なことに「金色夜叉」初演が演劇史上あいまいに記述されていたのである。女性劇評家のパイオニア岡田八千代の劇評を調査している過程で「金色夜叉」批評に出会い、不明瞭であった初演の事情が明らかになった［注2］。本稿では現時点でわかる「金色夜叉」初演、および初演以後の再演等々を検討したい。

尾崎紅葉（一八六七～一九〇三）の「金色夜叉」は、読売新聞に一八九七（M30）年から五年間断続的に掲載され、その後『新小説』に一九〇三年から連載したが中絶、ついに完結しなかった長編小説である。明治生まれが三〇代に突入する頃でもあり、同時代小説として受け入れられる基盤があったから新聞連載時爆発的な人気を呼んだのだろう。同時代に生きた人たちにとっては明治近代社会の仕組みとそこに生きる近代的な〈新人類〉が描き出されているこの小説は、身近な人々の話であると同時に一歩先を行く人たちの話として受け入れられたのかもしれない。その後、巷間にはダイヤモンドに目がくらんだ宮と――ダイヤモンドは今でも全世界の女性に好まれているが、当時は新たに出現した女性の装飾品で、誰もが手に出来るものではなかった――失恋して守銭奴になった貫一の話として流布し、熱海の海岸には〈貫一お宮の像〉まで建てられた。つまり〈女は金品に惹かれる〉〈打算的〉という負の評価を広めるのに大いに寄与したわけだ。しかし男性のそれに比すれば女の打算は比べるに値しないし、この世評には女はいかなる場合も純で、俗とは係わり合いのない存在であることを求める男性の一方的願望が横たわっている。その意味でもこの評価はジェンダーバイアスのかかったものであった。ところがフェミニズム的読みを導入すると、この小説はそんな単純な物語ではなく、男の持つ経済力や新しさに惹かれた女・宮が、良妻賢母という明治近代社会の作り出した女性像の〈妻の座〉に閉じ込められ、その抑圧の中で狂気——自己破壊にいたるという恐ろしい物語で、明治近代社会の理想的女性像の虚偽性・犯罪性を衝く小説でもあった。

単行本の刊行年月をみよう。前編は一八九八（M31）年七月、中編は九九年一月、後編は一九〇〇（M33）年一月、続編は一九〇二年四月、続々編は紅葉死後の一九〇三年六月で、全部で五冊刊行された。初演は新聞連載中で、まだ単行本は出ていない。長い「金色夜叉」のどこまでが川上の舞台に乗ったのか、興味深いものがある。

さて、初演の演劇史上の記述についてだが、その不明瞭さは、おそらく川上音二郎一座への一八九八年当時の劇評家たちの対応、言い換えれば旧派重視の劇界における新演劇川上音二郎の存在の在りようを物語っているように思える。やっと完成した川上座を借金で手放す羽目になり、衆議院選挙に出馬して落選する等々、川上にとっては負の材料がありすぎた。そうしたことも関係しての同時期の論評の少なさなのかもしれない。

現在手にできる演劇史で見てみよう。三種ある。

まず、見ているはずの伊原敏郎（青々園）『明治演劇史』（初版一九三三年、復刻一九七五年　鳳出版）には、記されていない。劇評も見当たらない。青々園がこの公演を見ていたのは記録に残っている。初演から五年後の東京座公演（明治三十六年六月）の上演評の中で青々園は、「それを芝居にしたのハ市村座の川上ガ最初で、其の、ち中野ガ宮戸座で演じ、東京で今度ガ三度めに當る」（都新聞　明治三六年六月二三日）と記していた。さらにこの公演は最初藤沢浅二郎が「出し物にするつもりで自分ガ脚本に仕組んだ」が、川上が急に加わることになって、藤沢が「川上に譲る譯」になったという。五年後にはこのように明確に記録している。やはり初演の頃は川上の出演が事前に報道されていなかったと思わざるを得ない。

次の秋庭太郎は、もちろん舞台は見ていない。戦前の『東都　明治演劇史』（初版一九三七年、復刻一九七五年　鳳出版）では、〈明治三十一年三月〉の項に「同月の市村座は藤澤、高田、小織の一統で、紅葉山人の傑作『金色夜叉』を脚色上演した。」とある。この一文の元となった参考資料は明らかではなく、当然ながら川上音二郎の名もない。

秋庭の大著『日本新劇史』（初版一九五五年、再版一九七一年　理想社）では、「これは三十一年三月市村座で川上一座が藤澤の脚色したものを所演」と部分的に変えて記されている。出演者の名前は記されず、藤沢の脚色が指摘されている。不分明さに疑問を持ち、戦後になって資料の閲覧が可能になって『東都』の記述を一部改めたと推測されるが、参照資料は明らかではない。

三つめの松本伸子『明治演劇論史』（一九八〇年　演劇出版社）では、〈川上は三十一年四月の市村座に、村井弦斎の「芙蓉峰」を劇化した「大起業」と、当時『読売新聞』に連載中の「金色夜叉」を演〉じたと記す。松本は新聞記事を元に調査しているから〈川上が演じた〉と明確にすることができた。上演月を秋葉の指摘した三月ではなく四月としたのは、松本の引用している東京朝日新聞の批評が四月三日、中央新聞の批評が四月二日であるからだと推測される。

そこでこれまで引かれてこなかった当時の新聞や雑誌に目を転じてみたい。

都新聞を捜してみたら、梨園叢話（しばいだより）の項にこの公演の興味深い記事があった（都新聞　明治三二年三月二五日）

▲市村座　川上演劇ハ愈よ本日より開場、川上音二郎二番目に出勤する事となり場代ハ桟敷三圓高二圓五十銭、平一圓九十銭、大入場一名八銭、初日ハ場所に拘らず一人八銭なるが明二十六日ハ貴顕紳士を招待する為見物を断り二十七日より普通の興行として惣幕出揃ひ（原文ルビあり）

初日は三月二五日であることが確定したが、終わりがいつかはわからない。川上音二郎は松本伸子が記したように、二番目に出演したこと。しかも〈出勤する事となり〉とあるのをみると、青々園の言うように、はじめは藤沢浅次郎の貫一が予定されていたのだ。おそらく事前の予告は藤沢であったのだろう。これが秋庭の『東都』の記述になったと推測される。川上が突如、出演することになった理由は明らかではないが、わたくしは以下のようにみている。

すでに触れたように川上は一八九六（M29）年六月に神田三崎町に川上座を開場する（客席約千人）。この観客数で大劇場という申請にしたためにいろいろ不都合が出た。〈開場したら客が来ない〉等という言説が、近年小説や探訪記で出回っているが、日々大入りが続いていたか ら運営はうまく行っていたのだ。「八十日間世界一周」や「両美人」などは大入り日延べが続いた。結局集客力のない劇場で支出に収入が追い付かず、高利の借金返済に苦慮して劇場は一八九八年人手に渡る。

一九九六（M29）年大阪角座で「滝の白糸」が上演され喜多村録郎が女形に変わった。川上以外の新演劇一座は徐々に次のハードルを越すための準備をしていたと見ることができよう。けれどもどの新演劇集団の演目を見ても、モリエール「守銭奴」やシェクスピア「ヴェニスの商人」を日本バアジョンで上演したり、新聞小説の脚色や古典の題材などを上演したりしているが、明確な路線が示されていたわけではない。多くの新演劇一座と同様に〈次〉を探して川上は追い詰められていたのかもしれない。一八九八（M31）年の三月、衆議院議員に立候補して落選する。そして急遽一座に戻り、俳優として藤澤が用意していた「金色夜叉」（市村座）に参加することにした。川上が戻れば主役は川上が受け持つことになる。高利貸しに悩まされた川上が高利貸になる貫一の役をするのも皮肉な話だった。貫一は川上が演じた結果、藤沢はこの「金色夜叉」の舞台を踏めなかったのである。

同時代の批評家伊臣紫葉も、やはり後の東京座公演の劇評（『歌舞伎』三八号　明治三六年）で初演の内容についてふれている。〈原作の前編がでたばかりのとき〉で「貫一の闇撃」迄を上演したと書いている。しかし先に記したように単行本前編はまだ出ていない。伊臣の記述は後年のものだから記憶のずれがあるのだろう。新聞の連載が貫一の闇討ちに来たところで舞台に上げたというのが実際のようだ。

戦時中に出された柳永二郎『新派五十年興行年表』（双雅房一九三七年二月）でも「金色夜叉」初演の出演者の中には、川上の名前は記されていない。

一九七八年に出た『新派　百年への前進』（大手町出版）の中で「喜多村緑郎聞書」を記録した大江良太郎は次のように書く。「初演の〝金色夜叉〟は前編だけしか新聞に発表されていない単行本発刊以前のことでもあり、間貫一が高利貸鰐淵の手代となり、向陵時代の学友から鉄拳制裁を受けるところで終幕だった。」配役については先の秋庭本『東都』と同様の指摘で「〝金色夜叉〟初演は三十一年三月の市村座、藤沢、高田、小織という一座の手によってである。」と記録されている。秋庭の『東都』を参考にしたかのごとく酷似しているが、これが誤りであることは青々園の評で明らかだ。実は喜多村はこのとき、京都の角座で「片腕」に出勤していた。「金色夜叉」初演は見ていない。藤澤の貫一という配役が報道されたあとで急遽川上に変更されたのを知らなかったと思われる。こういう混乱を見ると、〈聞き書き〉をはじめとして資料の読みは後年になればなるほど裏付けを取らねばならなくなる。当然のことではあるが難しいことだ。

さて、ここで小説「金色夜叉」合評で有名な「藝文」（一九〇二〈M35〉年八月）をみることにしよう。これはもちろん初演直後のものではない。単行本の続編が出たあとの批評だ。多数（一七名）の匿名評者による合評で〔注3〕、出席者に著者の紅葉はもちろん名前がでているが、森鷗外（隠流）を始めとして、女性の振りをして弟の三木竹二、妻の真如、新人の八千代（芹影）なども参加したのではないかと推測している。伊臣と青々園は名前を出して発言している。なんとここには「藝文」発行前（明治三五年）までの上演についてかなり細かく載っているのである。

さらに、再演は大阪朝日座と思われていたが、その前に大阪梅田歌舞伎で上演されているし、同時に中野信近の宮戸座の記録もある。同時代の記録であるからおそらく誤りはないであろう。川上の貫一との比較もあるから、以下初演から川上が正劇「オセロ」を上演する明治三六年頃までの上演を見ていこう。これにより「金色夜叉」が「新派」の中でどのように定着していくかがわかるからである。

注記

1）本節は、「川上音二郎の『金色夜叉』初演と海外巡業」（『演劇学論集　日本演劇学会紀要45』二〇〇七年秋）に発表した小論を若干削除修正したものである。

2）岡田八千代に関する調査研究は、科学研究費基盤研究（C）の助成（平成一三～一六年度「岡田八千代の資料調査に関する総合的研究」）を得ておこない、国内・海外で足跡および資料調査・収集をし、成果はその都度勤務先の吉備国際大学社会学部紀要に発表してきた。

3）目次に登場している名前を挙げると、安田衡阿弥、片町の一女、平田禿木、川尻清潭、伊臣紫葉、星野天知、戸川秋骨、麹町の一女、駒込の一女、佐々木信綱、伊原青々園、饗庭篁村、依田学海、鈴木春浦、森　隠流（鷗外）、上田柳村（敏）、尾崎紅葉。「一女」は、真如・八千代・三木竹二ではないかと推測している。

2　初演から再演へ

初演　一八九八（M31）年三月二五日～四月一二日、市村座、川上音二郎一座、藤沢浅二郎脚色。これまで述べたように初演の時期や俳優を確定できなかったのは、事前に宣伝されていた〈藤沢の貫一〉が、上演直前に〈川上の貫一〉にかわったからであった。宮が河村きよし（昶）、富山が高田實、蒲田が小織桂一郎、風早が藤川岩之助、遊佐が小西福一郎、宮の母が石田信夫、という配役で、貫一襲撃（日比野原暗夜狙撃の場）まで上演される。

批評を一つ引きたい。「市村座川上新演劇評（五日目）」のタイトルで東京朝日新聞に載ったものだ（東歸坊の署名）。一番目が「大起業」（原作村井弦齋）、二番目が「金色夜叉」であった。前者の評はよくない。「川上一座の狂言として今度ぐらゐ陰気な脚色ハなし」、原作はもっと面白いと批判されている。高田・小織・藤澤の舞台で川上は出演していない。

さて、「金色夜叉是ハ面白い事ステキなり、成べくハ此二幕の狂言を役々を取換へ繰返して一日に再度見せて貰ひたいやうに思はるゝ、序幕熱海道立場茶屋の場も賑やかにてよし（爰《ここ》ハ熱海道でハなく六道の辻より極楽道へ入たやうな心持なり）同じく梅園の出會、返し吉濱海岸の場、此一幕が最上無類、川上の間貫一、娘お宮に恨を言ひ、結局、富山の方へ嫁したらバどうなさると言れ赫つと怒り娘を突倒して行所、金色夜叉ハこんなものであらうと思はれぬ、次幕に高利貸と成て居る所もよし、此二幕が一日中の見物なり」とある。

初演では「突倒し」ていて、決して足で蹴っていないことが分かる。一高生が、好きな女を足蹴にするはずはないからだ。〈女の人権〉無視の〈足蹴にする〉という行為へと上演するごとに変化していくのだから恐ろしい。川上の貫一は上出来であったようだ。それで再演されることになるのだろう。

再演　一八九九（M32）年一一月、大阪梅田歌舞伎、岩崎舜花脚色。この上演についてはこれまで触れられたことがなかった。配役をあげると富山が高田、貫一が小織、宮が河村昶、蒲田が佐藤歳三、風早が井垣増太郎、遊佐と鴫澤が小西の二役、鴫澤母が石田信夫、鰐淵直行が境若狭。

外題が「汝（おのれ）」で、場割をみても小説とは異なる場がある。しかも貫一が洋行し、貫一とお宮は年老いてから結婚するという「世間受専一の演劇」と評されているから「金色夜叉」の名を利用して上演された客受けのする舞台とみていい。あとで引くが紅葉は四年後、『歌舞伎』三八号でこの改作を怒り、高田は「宮を貫一に配合すといふのを大団円にやりましたが、これは余り想像し過ぎて、紅葉先生に悪うございました。」と謝っている。「金色夜叉」で必ず登場する荒尾譲介がこの二つの公演にはまだ登場していない。連載がそこまでいかなったのだ。しかし勝手な結末が付け加えられるほど、この小説は、その行方が注目されていたと見ていいだろう。

再々演（第三回）一九〇二（M35）年、浅草宮戸座、花房柳外脚色。貫一が中野信近、宮が小中村又三郎、鰐淵直行が山田宗三郎、直道が中村秋孝、荒尾が門脇清澄、風早が柴田善太郎、蒲田が中村秋孝、富山が菊地武成、遊佐が佐々木一男などで、歌留多会から塩原温泉まで六幕十五場が舞台にあがる[注4]。荒尾は初登場したが、赤樫満枝はまだ出てこない。

この公演は東京座の劇評（『歌舞伎』三八号　一九〇三年六月）で青々園にも伊臣にも触れられた。川上の初演「金色夜叉」と比べながら批評されているから初演の様子もわかる。以下に伊臣評を部分的に引いてみよう。

中野の貫一について川上との比較で「川上の貫一は、九州弁の調子も佳く、熱情溢るゝ如くで、悪くはなかつたが、高利貸になつてから、即ち或動機の為に残忍酷薄になつて、社会に金と云へる物の外は何者も眼中に無くなつてからの人物は、往々軽率の挙動が顕れて、持前の愛嬌が慥に邪魔をした。其学生時代も帽子洋服其他が不似合で馬鐵の馭者の様であつた。中野は又其態度風采が高利貸に成てからは佳く嵌つて居たが、学生時代から分別臭くて、燃ゆる如き熱情が初から備はつて居らぬ様であつた。併し當人は此金色夜叉をするに就ては、非常の苦心で、原作者に親しく教を乞ひ、充分に役柄を呑込でしたから、中々見ごたへがあつた。けれども、二人共（川上と中野……井上注）初めに無垢な学生から金色夜叉に変る其変化が、山人の所謂間寛一其人を充分に写し得なかつた。」と評し、富山は初演の高田のほうが勝っていたという。宮については「河村の宮は、例の蓮葉な調子の飛び離れた難はあるが、自分の惚込んだ男とも夫婦になりたく、又金力と名誉とを有せる富山の妻にもなつて見やうかと云ふ、極浮付た、考の足らぬ娘気質を巧に写した。小中村のは未通女過ぎて、唯母に勧められて意の動いた様に見えた。換言すれば凡ての動作が余りに他動的であつた。」

宮という女性をどのように捉えるかで芝居全体が変わる。その意味でも興味深い評だ。しかし伊臣紫葉の劇評は相変わらずの俳優の演技中心で、「歌舞伎評判記」を出ていない。

第四回再演　一九〇二（M35）年六月、大阪道頓堀朝日座、五幕十一駒。秋月桂太郎の貫一、喜多村緑郎の宮、高田實の荒尾、河村昶の満枝、山田如洋の富山、小織の蒲田、岩尾慶三郎の風早。歌留多会がなく、熱海街道からはじまり、熱海の海岸、新橋停車場、遊佐住居、狙撃、富山邸、病院病室、大川端で会い、三番町の寛一の奥座敷等などでおわる。場割が少ないために「東京宮古座のに比するに、場面と云ひ登場人物と云ひ、此方が余程淋しう思はれる」（「藝文」と書かれた。大阪公演のため都新聞にはこれに関する記事はなかったが、先にあげた「喜多村緑郎聞書」で再演について触れている。

〈この公演は配役でもめた。高田は富山を演りたいといい、喜多村は高田が荒尾をやらないなら、宮をやるのはいやだといった〉、その結果、芝山内の場を設けたと記録されている。いわゆる荒尾と宮の出会いの場で一種の見せ場だ。以後、この見せ場は新派の「金色夜叉」には必ず出る場となる。歌留多会を抜いたために、貫一と宮との仲を知らせ、富山が宮を見初める話などを熱海街道の場で告げたらしい。これも原作にはない。こうして新演劇は独自の見せ場を作って「金色夜叉」をレパートリーにしていく。高田の荒尾はこれが初役で、以後荒尾は高田の持ち役となる。

初登場の満枝は「藝文」でこのように描出されている。「満枝と云ふ女は、さほどにづぶとい女でもないやうで、謂はゞ厚かましい、欲張りな、いゝ女らしく、斯う云ふ女は得て情に脆いものなのです。それで此篇中の満枝は大に米坡式の所があり升。（略）色気たつぷりな様子をする米坡ではなく、平生の米坡に最も能く似て居升。作者も或はそれを見て書いたのではなからうかと思ふ位です（109頁）」「あれは貫一に惚れて、付けつ廻しつて居て、どんなに突き放されても、矢張平気で付けつ廻しつして居ます。どうもあれは分らぬ（略）満枝の事は、宮と反映して居ますが、どちらも美人としてあります。全體此頃の小説に出る女は、皆美人に書いてある習で、金色夜叉も此例には漏れない。（126頁）」

これを読むと小説に登場する女性が美人に描かれるようになったのはこの頃からのようだ。「美人といふものがさう有るべきものでない」という文言つきが面白い。

注記

4）この公演は東京座の劇評で青々園にも伊臣にも触れられているが、その詳細は明らかではなかった。場割のみが明らかで伊臣紫葉が「箕輪宅骨牌会、奥座敷、帰途、梅林見合、熱海海浜、遊佐良橘宅、坂町暗打、病院、富山宅、田鶴見邸、柏屋愛子宅、鰐淵宅、焼跡述懐、塩原清琴楼」（「藝文」および「東京座の金色夜叉」）と記されていた。

3　再演「東京座」公演

第五回再演　一九〇三（M36）年六月　東京座　川上一座。この公演は藤沢浅二郎が念願の貫一を演じた公演だ。都新聞には青々園が劇評を書き、三日連続で筋書きが載る。それほどに「金色夜叉」はメジャーな出し物になっていたといわねばならない。川上は出場していない。明治座で二月に「オセロ」、六月に「マーチャントオブベニス」を上演している。

『歌舞伎』三八号（明治三六年七月）には、尾崎紅葉「東京座の金色夜叉を見て」、伊臣紫葉「東京座の金色夜叉」、芹影「東京座の金色夜叉」、三木竹二「高田の荒尾譲助」、すの字「荒尾譲助に就手高田實の話」などが載った。

まず配役だが、佐藤歳三が富山、高田實が荒尾、中野信也が蒲田鉄也、藤川岩之助の風早蔵之助、高部幸次郎の遊佐良橘、守住月華の赤樫満枝、山田九州男の宮、藤沢浅二郎の貫一であった。この劇場は始めて書生芝居を上演したのであるが、初日から大入り、大当たりで、「書生芝居を余りやつた事の無い当座で初日から此大入りは、大骨折の効が見えて大当たり〳〵」と伊臣紫葉は書いている。「金色夜叉」の続々編がでたあとで、ほぼ内容が知れ渡っていたという原作の力と人気者高田の客が来たと考えていいのだと思われる。

作者の尾崎紅葉は「自分が場割をして、座付の岩崎舜花子が筆を執る」という約束だったのに、高田が大阪でやった筋を付けたために「蛇足が添つて、其の蛇足の為に本文の筋を傷け」「人物の性格をも害するやうな事」になったと批評の冒頭から怒っている。これは四谷見附闇撃の場をさしていて、役者が客受けを求めて筋を壊すのは「歌舞伎芝居にある通弊で、尤も厭ふべき事」「正劇を標榜するもの」が「悪弊を一洗する責任を忘れ」るとは何事かと書く。さらに道具が粗末であることをあげたあと、成功例として芝公園、上野停車場などをあげ、見せ場もないのに「全幅活動して、謂ふに言はれぬ趣味を感じ」「正劇派の理想とするのはあすこであろう。新演劇は渾てあの呼吸で行きたいと思ふ」と書く。

特に高田の荒尾が「一等のでき」と評価。藤沢の貫一は「大車輪ではあるが」「柄ではない」から「成功を望むのは無理」で主役の品格にかける。守住の満枝は「色気が乏しく、気合が乗らず、尤も不出来」、山田の宮にいたっては「言語道断」と不評。女形の山田は女優の山田五十鈴の父である。

紅葉の評で注目しなければならないのは「正劇派の理想」というところだろう。原作に忠実で勝手な筋を付け加えず、役者の見せ場がなくとも場を維持できる俳優の演技と舞台の構成を評価しているからだ。これは川上音二郎が主張する正劇（一九〇三年二月の「オセロ」公演）が、歌舞伎に対抗する演劇として見られていたことを物語っている。

伊臣評は鰐淵父子を出さないのが残念で、おまけに観客に筋を飲み込ませるために熱海街道の場などを加えたのはよくないと苦言を呈す。筋の加筆は紅葉が批判したところだ。演技については、高田の荒尾は「此人の外に此役を此位に仕こなす人はいない」と絶賛。守住の満枝は「何と云つても素養は争はれぬもので、身體の科しから貫一への色合、病院で五月蠅く付纏ふあたりは佳いが、塩原での嫉妬から殺さる、迄の仕草はチト気が乗らぬ様打（略）生意気な処が此優では赤抜けがして、女役者の鉄火者らしく見ゆる」と。紅葉が批判した山田の宮は「容色が悪い」から他の娘と並んでいるとどれが宮だかわからない、「茶や女が素人風を装ふた」みたいで、これなら「仕出しに出て居る女優」にでもさせたほうが成功したとまで散々に言われているからよほどひどかったと推測される。山田は高田の弟子であったからこの役がついたのだろう。

ここに出演している「女優」とは何か。周知のとおり本格的な女優の養成所は六年後に出来る。この時期に女役者の守住は女優の養成をしていたというから、おそらくこの女優たちは守住一座の女性たちであったと推測される。守住は本所寿座で座頭女芝居の全盛時代を築き、女団洲とも呼ばれた実力派であった。舞踊が得意で女役が本領だったというから満枝役がミスキャストというわけではないだろう。紅葉や伊臣と八千代の評価を後で比較してみたい。

さて、貫一。やっと藤澤に回ってきた役だから研究を重ねたらしく「大いに見耐へがあつた」と評価。興味深いのは、衣装への苦情で、一枚の肩掛けに宮と寛一が包まって歩くところ。肩掛けの下からすその長い女の足とズボンをはく男の足が出るのが面白いのに貫一が着物では大学生という貫一が表現できないと苦情。俳優のバランスと見場がここでも問題にされている。伊臣評は相変わらずの俳優評である。

さて、岡田八千代（芹影）の評はどうであろうか。かなり細部にわたる劇評で、二段組九頁に及んでいる。

番付の画は鏑木清方であったらしく、清方画伯の番付から批評が始まる。「誠に結構ではございますが、宮の羽織の紋が少し袖口の方へ寄り過ぎはいたしませんかと存じます。」語り口はこんな調子で、やはり細部の〈本当らしさ〉が重視されている。

以下、幕毎の批評。序幕、中野の蒲田は声の響く人ではないから歌留多会の読手にははまらない。山田の宮、風波を鎮める油程の勢力ある女王とまでには見えないが、女には確かになっていた、という指摘にはじまり、「束髪の格好と、帯を下へ締めた故か羽織を着た後姿の悪かつたのと、簪が赤かつたのとが物たり」ない、さらには「リボンの流行らない時ですから、『薄紫のリボン飾して』とはゆかずとも、せめて白い花にでもして貰ひたかつた」と当時の流行にまでおよぶ。

熱海の場、貫一の衣装を八千代も批判、「日曜（廿一日）に拝見いたしました時には着流しの裾の勝色が厭味でしたが、此日は袴がつきましたので大きに見なほしました。」

これは長いショールに二人で包まって、貫一のズボンの足と宮の着物の裾の見えるところが絵になって〈新しい〉恋人同士のランデヴー表現であったのだ。それが、ズボンでなくて着物であったから散々に批判される。八千代はセリフまで否定する。「『今度は宮さんと別れだぜ』と云はれて、『仕方がないねえ』なぞは、云はぬ方がさつぱりしてをりませう」と…、まさにその通りだ。

佐藤の富山は品がない。九段坂や夜道は嫌味がなくてよかったが、「けれど月も無いのに能く貫一宮の来るのが見えましたのね」と…、ここでも現実的な批判をする。山田の宮は一八歳には見えない。羽織の色合いが派手。ショールの柄も悪く、肩掛けの掛け方がへた。セリフもよくない、下品……等々、散々だ。本当にひどかったのだと推測される。山田は、当時二四歳であった。女形であるから体型や容色が悪いと一八歳には見えなかっただろうと思われる。〈本当らしさ〉を重視する合理的な批評がここにも見出される。

八千代はこの評で川上が上演したときと比較する。

「藤沢の貫一、宮との事に就いての話の為やうが餘り譯なしです。ずっと以前川上が致しました時には幾度も幾度も云い渋つてから漸つと申しましたが、其方が好うございました。まして此人ですから少し華美な位に振舞つてもよかつたでせう」、この評を見ると藤沢は地味な俳優で、川上は華のある俳優であったと推測される。

「佐藤の富山、高田には適ひますまい　羽織の柄は悪くはありますまいが、着物が骨牌会の時のと同じ物だつたのは、外国では流行を喜ぶ人としては受けとれません様です。（略）藤沢の貫一、新聞を読む処も煙草の煙を掛ける処も川上流でしたが、後で新聞を破る事と、土を蹴る事とはいたしませんでした。これはおとなし様なものの、女にそむかれた丈で高利貸しになる位の男ですからその位の科はあつてもいいと存じます。『落花心あらば……』も力がたりませんでした。山田の宮、親の為に嫁ぐやうな事を云つてをりますがそうぢゃありますまい。ですから『深い仔細がある』など云はず、『屹度貴方の事を忘れない証拠を見せる』と云う方を採つたらよかつたでせう。」

「金色夜叉」は度々上演されているため、脚本もさまざまあり、宮をどのように位置づけるかで舞台が旧弊になるか、新しくなるか決まる。原作者の紅葉はもちろん、二〇歳の八千代も「金色夜叉」に新しさを求めていたように思える。貫一についても「女にそむかれた丈で高利貸しになる位の男」という八千代の評は、貫一批判だ。他方、宮は自分の選択で富山のところへ嫁に行き、そしてその失敗に気づく、そんな八千代の「金色夜叉」理解がここにはある。明治という過去の時代を一つに括って古い時代と切ってしまうことも可能だが、当時の現実は江戸に比べればずっと新しい、そんな理解があったことが垣間見られるように思う。〈親のために嫁ぐ娘〉では、旧弊で読者たち、おそらく教育を受けた娘たちと推測されるが、若者たちは読まなかっただろう。小説そのものもベストセラーにはならなかったはずだ。下層の貧しい農家の娘たちは親のため兄弟のためにその身を犠牲にしたが、中流の娘たちは自身の選択で行動が可能であったから、宮の選択は肯定された。ところがいかなる行動も根源的なところでは家父長制社会の枠内にとどまらざるをえないから、破綻する。そういう悲劇がここにはあった。もちろんそれを突き破る女たちもいた。しかし極めて少なく、大衆レベルに影響を与える思想はまだ獲得できていなかったのである。

「藤沢の貫一、熱心は熱心ですが、どうも長い白になりますと講談師めいて参ります。高低がつよいので少し遠くにをりますと急に聞ゑなくなる時があります。『一月十七日の月が曇ったならば』と云う処も只一度ぎりではあつけ無う御座いました。やはり此処は『来年の今月今夜、再来年の今月今夜、十年後の今月今夜…月が…月が…月が』と云ふ様に原作でいつて戴き度うございました。」これは「金色夜叉」の名セリフとして後々までも流布されたものだ。八千代は原作どおりの場面を期待している。

「(略) 此場に出ます五人の法学士の中、誠に学士らしいのは高田の荒尾一人です。背が高いのに服の色が品が好いので誠に立派で御座いました。友に対する意見、恩人に向かつてのこなし等、好うございました。」

高田はこのとき三二歳、大阪から戻り俳優として人気が出てきたところだ。この荒尾役で当たって生涯の当たり役といわれるようになる。彼はこのあと本郷座で常打ち公演をするようになって、いわゆる俳優としての絶頂期が訪れるのだから、この頃の高田はかなり魅力的な舞台を見せていたと推察される。

興味深いのは女役者守住への評だ。八千代はその演技を褒める。「守住の満枝、（略）貫一を止めて〈まァ御掛け遊ばせなねえ〉の辺りの若々しさ驚いて終ひました。若くて新俳優のある者より、旧俳優であつた此人の方がよつぽど白《せりふ》が自然なのには私、敬服致しました」という。若い新俳優は山田だろう。女形の山田はこのとき二四歳、女役者守住は五七歳であった。守住の藝の力が、そして女性であるという現実が、八千代にこうした批評をさせたのだと思われる。若い観客の代表といってもいい八千代の批評は、時代の要求をあらわしている。ここからも〈明治〉という社会が〈本当らしさ〉を重視する時代であったことがよくわかる。

こうして見てくると、川上は決して下手な俳優ではなかったのだ。初演の東帰坊の「ステキなり」という評を思い出す。華のある演者であったのだろう。セリフの分析も周到であった。やはり初めて舞台に立ってから一五年、川上は無駄に時は過ごしていなかったのである。

4　衆議院選挙立候補　一八九八年

川上は二度衆議院選挙に立候補した。一度目は「金色夜叉」上演前の一八九八年三月一五日実施の第五回総選挙、二度目は歌舞伎座で「又意外」を上演する前の一八九八年八月一〇日実施の第六回総選挙である。この年は一年に二度総選挙が実施された。いずれも伊藤博文内閣時である。

衆議院は一八九〇（M22）年に大日本帝国憲法施行に伴い両院制—貴族院と衆議院—をとる立法府の構成の一院で、選挙は小選挙区制で行われた。貴族院は選挙は行われなかった。衆議院選挙に立候補することができる日本国民は、直接国税を一五円以上支払っている三〇歳以上の男子であり、選挙することができる国民は直接国税を一五円以上納めている二五歳以上の男子に限られていた。つまり私有財産があり収入のある男子のみが選挙権も被選挙権もあったという不平等下で行われている選挙であった。したがって川上もその条件を満たしていたということになる。第五回総選挙のための解散は〈明治三〇年一二月二五日〉で投票日は〈明治三一年三月一五日〉である。

川上の一度目の立候補は解散後すぐに報道されていた。

壮士俳優の川上音次郎は俳優にて代議士たるの先鞭を着けんとの望を抱き先づ其資格を得んが為め近頃大森へ住居を構へし以来常に綿服を纏ひ諸事質素を旨として専ら選挙区の歓心を得ん事を力め居る由依て同地にては余り如才なさ過ぎて困る男なりなど、噂し居れりと
（読売新聞一二月二七日）

第五回衆議院選挙に立候補しようと決めたのは一八九七年初秋であったようだ。川上座が人手に渡るという報道が出ていたが、〈誤報〉が多く実際に川上座がいつ取られたかは明らかではない。川上は議会の解散を予測していたようだ。内閣総理大臣は川上もよく知っている伊藤博文で、同郷の金子堅太郎（農商務大臣）、演劇改良会の末松謙澄（逓信大臣）、西園寺公望のち外山正一（文部大臣）等が大臣であった。川上の出馬が伊藤や金子・末松等と関わりがあるのかどうか、それも不明だ。いずれにせよ一〇月の神戸の大黒座公演後に福岡入りしている。

「私も一つ競争をして代議士に出て見やうと思つたのです、その仔細は、私は普通の役者と思はれては困ると云ふ念があつたので（略）いつか時期が來たならば大に政治界に雄飛しやうと思つて居た」と「名家眞相録」で出馬理由を語っているが、川上座を作って新演劇の雄として注目を集めていたこの時期に、かつての野望を遂げるために立ち上がったのか、どうかは分からない。これは推測だが、「衆議院」上演時の舞台上の演説を考えると、高利に苦しんでい

る現状を憂い〈演劇の保護・援助〉を国家に求めるためではないかと思われてならない。

川上は出馬地について「郷里から出るつもりであつた所、郷里には學校の先生始め其他の先輩もあり、方々萬一落選の場合には、郷里へ敵を求める事になるのがよくあるまいと注意を受けて、此事だけは思止まつた」、そして東京に近い荏原郡から出ることにして一一月に大森へ越した。

川上が立とうとする荏原郡伊豆七島（第一二区）は、地元出身の高木正年の地盤で、第一回は立憲改進党から出た高木正年（当時三四歳で、後に日本初の視覚障害を持つ政治家となり、七四歳で亡くなるまで議員を勤めた）、第二回は中央交渉部から出た平林九兵衛、第三回は立憲改進党高木正年、第四回は高木と、常に高木と平林で争っていた地域であった。

川上の出馬した第五回の選挙は三人が立つ混戦となり、平林九兵衛と高木正年と川上は戦うことになった。川上の出馬が報じられると「荏原郡協同會幹事」は、全会一致で川上を推すと広告を出す（都新聞一二月二八日）。するとすぐに、こういう協同會はないという記事が出る。

他方眼病を患っていた前代議士高木は、今度も立候補をするといい、「平生赤襦袢を着しオッペケペーを謡ひ世間よりは男地獄を以て目せらる、壮士役者とかゞ競争するとの風説あれど（略）男地獄を代議士に選出したりとありては独り選挙区民の恥辱たるのみならず帝国議会の神聖を汚し日本帝国の恥辱となる次第（略）一人たりとも投票するものなかるべく（略）多くは高木氏の不幸に同情を表し（略）氏の精神に感じ居れば結局高木氏再選さるべしとなり」（読売新聞一二月二九日）という高木の応援記事が早速出る。白川本に上げられている各新聞記事は、川上を根拠なく批判し揶揄し、常にオッペケぺと河原乞食を挙げて差別的発言でこき下ろしていたのである。いかに俳優に対する差別意識が根強く存在していたかを改めて知ることが出来る。

重要なことは、小選挙区制の選挙権は直接国税を一五円以上納めている二五歳以上の男子に限られていたから、一般大衆は殆ど参加できず、参加できる成人男性は4パーセントに満たないということだった。言ってみれば財産のある人間のみに選挙権があったのだ。大都市であるならまた別であったろうが、荏原郡という田舎では、尚のこと「選挙区民の恥辱」という言説が大手を振って通用する地で川上には出発時から不利であった。

川上は初めから政界に出る意図があり、その意思表示をしていたが、長く芝居をやっていて「自由黨の人々を始め各新聞社の人に馴染もなくなり、私がどの位自由黨に盡くしたかと云ふ事を、証明して呉れる人たちはいづれも逆境に陥つて居る始末」、それで活動がしにくく、手助けが得られなかったという。地盤もなく支持母体もないところでの立候補は初めから無理であったのだ。「大運動の結果僅か四十六票で落選」した。この時は「荏原郡の競争者、進歩黨の高木正年、國民黨の平林九兵衛の兩氏が軋轢の結果平林が腕力沙汰で勝ちを占めたと云ふ事があつた跡（第五回は平林が勝った…井上）」から、そのために川上に入れてやれという票が集まったのだろうと川上は言う。第五回総選挙は、進歩党と自由党が圧勝した。それもあって伊藤内閣は解散し総選挙が夏にまた実施された。それで川上は再度立候補をしたのである。「やり掛けた運動を中止する譯にも行かず、勢ひ金力を以て一票廿圓乃至三十圓で買つて歩く騒ぎになつて、三崎町の川上座もそれが爲にとう〱人手に渡して了つた」と言う。金を貰って票を入れない人が多かったらしい。現在なら大変な選挙違反になるが、当時は何事も破天荒であったから通用したのだろう。

一回目は進歩党の高木正年と国民党の平林九兵衛と戦って負け（得票四六票）、二度目は平林が高木に譲ったために「皆さん高木さんへ入れる事になつて了つ」て負けたのである。丁度この選挙の前に高木は緑内障が悪化して失明した。それで平林は譲ったのかもしれない。

川上座に関しては白川本に記載されている記録では「明治三〇年九月」とあり時間的に前後する。が、川上の言説の方が〈真〉に近く劇場建設の借金と選挙の借金とで返済に困っていたこと、金を受け取った人たちが実際は票を入れなかったこと、各新聞社が「書生役者が議會へ出るのは、議場の神聖を穢すものである」と書き立てたことなども落選理由にあげている。確かに川上の指摘の如く新聞報道は驚くほど差別的であった。川上は「俳優という生活機関を持つていれば、議會へ出ても賄賂を取らずに済むし、盲従もしないで済むし」と語っていて当時の議員が賄賂を取っていたことが分かり、そうした議員にはなりたくないと考えていたようだ。山口玲子は「高利貸《アイス》退治と新演劇の保護をとなえ」たと書く（『女優貞奴』）。「衆議院」公演の演説を考えると、この山口説は恐らく〈真〉に近いと推測される。高利貸しの横暴は目に余るものがあったからだ。

川上の心底には、新しい演劇を生み出し、劇場改革をしても世間はどこまでも新演劇俳優としての川上を認めない。政界に出て新演劇を世間に認めさせたいという思いもあったのかもしれない。

貞奴は川上の立候補を「私が二十八の時でございました。川上は荏原郡へ陣を構えまして選挙運動をいたしましたのが、二度とも落選で、それがために何万円という金を使いましたところから、千辛万苦をして拵え上げた、三崎町の川上座も人の手に渡ってしまうような訳になって、其の上各新聞では叩かれますし、荏原郡の百姓にまで馬鹿にされるようになりまして、川上はもちろん私までもつくづく世の中がいやになってしまったのでございます。」と語る(「貞奴一夕話」)。

藤澤浅次郎は川上座の仕事と議員落選を次のようにいう。

(川上座が出来上がり、) 川上は此処に於て理想的の興行をすることになって、種々の改革を断行した。(略) 其主なるものは、新聞雑誌に現れた著名な小説を脚色上場し、其新聞雑誌の援護の許に興行したのは其一つであった。新派が今日の如く文壇と密接の関係を保っているのは、(略) 川上が企てた事業の余沢である。また新派はもちろん歌舞伎役者までが、新聞物を上場するようになったのも、まったく川上の故智を学んでいるのである。

（略）持って生まれた政治的野心が勃発して、（略）衆議院議員候補として打って出た。（略）この選挙運動のために少なからぬ負債が出来た。（略）川上座の建築についても、山崎武兵衛という高利貸（今の東京座主）から金を借りて居たので、四方八方から債鬼一時に迫る苦境に陥ったので、不入斗の家に家財一切を残したまま（略）逃げ出し（略）冒険的の洋行を企てた…」

（「川上夫妻を語る」）

藤澤の一文は東京日日新聞に連載した「川上音二郎」（M44・10・25〜11・30）で、これまでみてきたように文芸作品を最初に舞台に上げた川上の功績を記して、選挙に敗れ小舟で横須賀に向かうまでを記している。川上も貞奴も、そして藤澤も語っているように、川上座や選挙でかさんだ借財と世間の風聞・対応に川上が嫌気がさしたのはどうやら事実のようだ。結果的にはこれが契機となって世界へ巡業に出ることになり〈世界の音二郎〉〈世界の貞奴〉になるのだから、いってみれば〈災いを転じて福となす〉〈明け無い夜はない〉ということであるのだろう。

一八九八年八月の二度目の選挙に敗れ、小舟で大森を出港した話は、多く逸話が残されている。ありそうもない〈ホントの話〉だから面白おかしく各新聞で報じられた。詳細は白川本を参照されたい。川上の海外へ行こうという計画は以前にも話題になっていたから、ここまでくればこれ行かざるを得ないということだったのだと思われる。その資金集め興行が、神戸に始まり〈相生座「心外千万遼東半島」一八九九〈M32〉年一月〉、二月に京都南座〈演目不明だが「日清戦争」であるだろう…ここで櫛引と出会う…井上〉、大阪中座〈「日清戦争実記」〉と興行を続けいずれも大入りを取る。東京へ戻って渡航準備をして俳優を募り、一八九九年五月二日に横浜からゲーリック号でハワイへ向け出帆する。

都新聞が川上の渡米を次のように報じた〈「喫茶園と新俳優川上」一八九九年三月一日〉。

「櫛引新井の両氏が数年前に米国に設立したる日本喫茶園は〈略〉日本の婦女が日本の風俗にて茶を鷹るより今は同国東部の一大名所として欧米人の賞讃を博し〈略〉日本の手踊り、軽業、太神楽、手品等を手を替へ品を変へ観覧に供し来たりしが〈略〉同園主櫛引弓人氏は〈略…京都で…井上〉四条南座に興行中の川上音二郎に面会し〈略〉外国に赴かん目的なる由を聞き」日本喫茶園の余興として日本の新演劇を米国の紳士淑女に紹介したいと勧めた。

アメリカで成功した櫛引の誘いがあって、当初は支那周りでヨーロッパへ行く予定を川上は変更したのである。そしてアメリカ大陸を横断する羽目になった。

櫛引弓人は、「国際興行師として、日本人のうちでも古くから知られた顔だが、その成功の基礎は明治二十九年アトランティック市で日本式公園を経営し、そこに開いた球戯場が当たったのに初まる。」と宮岡謙二が記している[注5]。シカゴの万国博覧会で日本式茶園を開き、ニューヨークやフィラデルフィアで盆栽を競売して櫛引は大儲けしたらしい。渡航費用は櫛引が提供したのだが、サンフランシスコに着くころに櫛引が破産し「芝居興行どころの騒ぎにあらねば」サンフランシスコに「日本移民のことを取り扱える弁護士光瀬耕作なる者にいっさいの斡旋を引き受けしめた」（「川上音二郎貞奴漫遊記」〔注6〕）ために、予定が大幅に変更する。

川上一座の海外巡業は、ハワイのホノルルから始まる。この巡業についても〈真と偽〉が入り乱れて多くの物語が生まれている。これについては別に稿を改めることにしたい。

注記

5）宮岡謙二『異國遍路　旅藝人始末書』修道社　再版一九五九年、改訂三版一九七一年、初版「死面列伝」私家版一九五一年

6）『ドキュメント日本人6　アウトロウ』學藝書林一九六八年一〇月

左から市川左団次・貞奴・川上音二郎
川上初・新一郎提供
資料撮影：坂本麻衣

あとがき

長い間の懸案であった〈音二郎と貞奴〉の本がやっとできあがった。今回は前半部分だけだが、秋には後半を上梓する予定である。

明治以降のいわゆる〈新劇〉研究が中心であったわたくしが、〈音二郎と貞奴〉を調べているというと、「へぇー、どうして…」とよく言われた。〈新劇〉とは直接関係が無いと思われていたからだろう。実はわたくしも、川上は近代演劇史の初めに登場しているが、それほど興味をそそられる研究対象ではなかった。

何故、始めるようになったのか、その経緯に少し触れたい。

一九九七年に勤め先の大学から三か月の海外研究の時間を貰い、私学振興財団の研究助成を得て、ロンドン大学SOASにvisiting fellowとして滞在し、ガーストル教授のお世話になった。二〇世紀初頭のロンドンの演劇状況をリサーチするのが目的であった。毎日大英図書館に通い、今は観光客用のイベント会場になっている例の〈ラウンドの貸出台と閲覧室〉で資料を借り出し閲覧していた。有島武郎が坐った席を探して坐ってみたり、マルクスが通った狭い部屋へ行ってライブラリアンと話したり、楽しい時間があった。貸出台に座るライブラリアンとはすぐに顔なじみになった。世界から研究者が調査に来ていて、毎日行くから各々の指定席ができ、少し遅くいっても私の席がチャンと空いていたのを思い出す。当時最小のワープロを持参して資料を打ち込んでいたらみんなが珍しいと見に来た。パソコンだと思ったらしい。まだ小型パソコンは登場していなかったからだ。

一か月ほどたった時、川上音二郎と貞奴の公演レヴューに出会った。それはこれまでわたくしが知っていたものではなかった。青天の霹靂とはまさにこの事で、早稲田の先輩である松本伸子さんが、川上の海外巡業について調べていて、ロンドンやパリで資料を集めていたことを知っていたから、既に調査済みであるならこれ以上追うのは止めようと思い、泊まっているラッセル・スクエアーのペン・クラブに戻ってから日本に電話を入れた。その資料については調査をしていないことが分かった。

こうして帰国まで第一回目のロンドン巡業の資料を収集することになった。初めて公演をしたナッテイング・ヒルの劇場を訪ね、二回目の巡業時のピカデリー・サーカスの劇場街を歩き回った。この最初の成果は、直ぐに日本演劇学会紀要や吉備国際大学研究紀要に部分的に発表したら、反響があった。その後河竹賞を頂いた『近代演劇の扉をあける　ドラマトゥルギーの社会学』（社会評論社一九九九年）に第一回ロンドン巡業の調査成果を論文にして収録した。

本文にも記したが、〈川上音二郎と貞奴〉は調べれば調べるほど〈真と偽〉に包まれていることがわかり、探偵小説や推理小説好きのわたくしにはたまらない魅力的な対象になったのである。実は、今回の論をどのように展開するか非常に悩んだ。それはあまりにも〈偽〉が上塗りされて今も生き続けているからだ。新たな発見を書き記す論文ではこれまでと変わらない結果を招くだけではないか……、しかし他者の論を取り上げ否定ばかりしていく論調は建設的ではない。迷いながらこのような書き方になったのである。ご批判もあるかもしれないが、今の所これが行き着いた方法であった。

二〇〇〇年から科学研究費を得ることができて、長期間ではなかったがロンドンやパリやイタリアで足跡調査や資料を集めることができた。イタリアでは、ヴェネッツィア、カ・フォスカリ大学のルペルティ教授の協力を得た。

次はアメリカだ。どうしてもアメリカ大陸を横断したくなったのだが、間の悪いことに国際社会学科長の役目が降ってきて二期四年間海外へ出ることが出来なくなる。とにかく忙しかった。

その間、国内調査をしようと決めて、科研の協力者であった早稲田の後輩坂本麻衣さん（当時演劇博物館助手）に同行してもらい、まず福岡へ行く。福岡市立博物館で野口文さんに資料を閲覧させてもらい、川上の親族川上浩さんと大宮在住の貞奴のご遺族川上初さん・新一郎さんをご紹介していただく。こうして海外ばかりでなく日本での二人の足跡が段々明らかになって行った。川上初さんには、たくさんの所蔵資料を見せていただき、その撮影も許可してくださった。本書に入れた数枚は、その折に坂本さんが写してくれた資料である。そして名古屋へ行き、鵜沼へ行き、国内の図書館調査に精を出した。足で歩いて実地を見るという行為は、学部生の時に民俗芸能調査で鳥越文藏先生や諸先輩・同級生たちと、歩いて学んだ。

学科長が終わり学部長の声が聞こえてきた時には困った。が、研究の女神がほほ笑んでくれてついにアメリカ大陸を横断する機会が到来した。夏休み期間を利用して大陸横断を試みたのだが、とにかくアメリカは広くて、広くて驚いた。あの時代に川上一座はよく横断したと信じられない想いである。楽な旅ばかりしているわたくしには、とても真似のできないことだった。これらの成果の一部はこの本に記したが、多くは次の本に書くことになる。

ある時、松本伸子さんから研究を止めるから資料が必要だったら差し上げますという電話が入った。前々から死んだら資料をあげますと言われていて、伸子さんと仲良しの河竹登志夫先生に、〈伸子さんから資料を頂くことになっています〉と話して驚かれたことがあった。まさかその日がこんなに早く来るとは思っていなかったのだが、川上に関する英語と仏語の資料を頂く。その日からもずいぶん時間がたってしまったがそれを今回少し使わせていただいた。

河竹先生にもいつ川上の本は出ますか、と言われていて、茅ケ崎美術館の川上展は先生からのご連絡で知り慌てて行ったというアンテナ不足もあった。お元気なうちにお見せすることが出来なくて残念である。

調査研究・資料収集には資金が必要だ。理系ほどではないがわたくしにも個人研究で科研費が回ってきて、大学の研究費と共にこの研究を支えてくれた。同時に科研の基盤研究Bで研究代表の筑波大学の五十殿利治さんには何度も共同研究の仲間にしてもらい随分救われた。

わたくしの「川上音二郎と貞奴」研究は、机の前に座って出来るものではなかったから、本当に多くの人に助けていただいた。川上を研究してきた多くの先学の研究成果に助けられたが、特に白川宣力・松本伸子、お二人のご著書からは多大な学恩をいただいている。この二著がなければ、上梓はもっと遅れていただろう。

これまで援助・協力して頂いた多くの方の厚意に応えるのは、川上と貞奴の演劇的行為を演劇史に可能な限り正確に位置づけることだと思っている。世界巡業を取り上げる次の本では、それをさらに追及していきたい。

この本は、わたくしの五冊目の単著になる。社会評論社の松田健二社長に早くしないと死んじゃう、と言われながら長い時間待たせて原稿がどうにか出来上がり本になった。装丁の中野多恵子さんが、洒落た表紙を作ってくれた。とても嬉しい。お二人に心から感謝したい。

可能な限り多くの人に読んで頂き、音二郎と貞奴という破天荒な青春を生きた演劇人を知って貰えることを願っている。

井上理恵

二〇一四年一二月一七日

引用文献

秋庭太郎『東都　明治演劇史』初版一九三七年、復刻一九七五年鳳出版、『日本新劇史』初版一九五五年、再版一九七一年　理想社

阿部優蔵『東京の小芝居』演劇出版社一九七〇年一一月

伊臣眞（紫葉）『観劇五十年』新陽社一九三六年一〇月一八日

伊藤仁太郎（痴遊）『維新秘話』、『隠れたる事実　明治裏面史　正続編』成光館出版部一九二四年六月初版、一九二八年一〇月14版

井上精三『川上音二郎の生涯』葦書房一九八五年八月

井上理恵「清水邦夫研究――初期の戯曲」『吉備国際大学社会学部研究紀要』17号二〇〇七年三月、「演劇の１００年」『20世紀の戯曲』３所収、社会評論社二〇〇五年六月

伊藤潔著『台湾　四百年の歴史と展望』中公新書一九九三年八月

伊原敏郎（青々園）『新小説』（第一回「壮士芝居の歴史」一九〇二年二月〜一二月）、『明治演劇史』鳳出版一九七五年一〇月

今尾哲也『歌舞伎の歴史』岩波新書二〇〇〇年三月一七日

江頭光『博多　川上音二郎』西日本新聞社一九九六年七月

『演藝画報』一九〇八年一〇月一日、第二年大一〇号、一九〇八年四月、第二年第四号

岡本綺堂『明治の演劇』…初版『明治劇談ランプの下にて』一九三五年、その後改題『明治の演劇』大東出版社一九四二年、同光社一九四九年、近年改題『ランプの下にて―明治劇談―』岩波文庫一九九三年九月。『岡本綺堂随筆集』岩波文庫二〇〇七年一〇月

『大阪事件関係政府報告資料』日経新聞社一九八五年一一月、『大阪事件』民権ブックス13号町田市教育委員会二〇〇〇年三月
片倉佳史著『台湾　日本統治時代の歴史遺産を歩く』戎光出版二〇〇四年八月
『歌舞伎』139号（関根黙庵）、『歌舞伎』三八号（伊臣紫葉）
『川上音二郎口演　自由の妹と背』丸山平次郎速記　他に曽呂利新左衛門口演「高野駕籠」（島田喜十郎速記）所収「明治三十一年八月五日再版／発行者鳥井正之助／発行所鳥井正英堂」演劇博物館所蔵
『川上音二郎貞奴漫遊記』『ドキュメント日本人6　アウトロウ』所収　學藝書林一九六八年一〇月
『喜多村緑郎日記』演劇出版社一九六二年のち三巻本八木書店二〇〇一年～
木下直之『戦争という見世物　―日清戦争祝捷大会潜入記―』ミネルヴァ書房二〇一三年一一月
倉田嘉弘の『近代劇のあけぼの～川上音二郎とその周辺』毎日選書一九八一年五月、『芝居小屋と寄席の近代　「遊芸」から「文化」へ』岩波書店二〇〇六年九月
「藝文」一九〇二年八月
国立劇場編纂『近代歌舞伎年表』京都編・大坂編・名古屋編　八木書店一九八七年、一九九五年～七年、二〇〇八年、三月
児島由理「近代日本人の見たマルセイユ」『実践女子大学紀要第29』二〇〇八年三月
小櫃万津男『日本新劇理念史　全3巻』白水社・未来社一九八八～二〇〇一年
白川宣力編著『川上音二郎・貞奴――新聞に見る人物像――』雄松堂出版一九八五年一一月一一日、「川上音二郎とフランスものの上演」『早稲田大学理工学部人文社会学研究』16号一九七八年三月
周婉窈『台湾の歴史』平凡社二〇〇七年二月
関根黙庵『明治劇壇五十年史』玄文社一九一八年六月

高木侃『三くだり半と縁切寺　江戸の離婚を読みなおす』講談社現代新書一九九二年三月
高谷伸『明治演劇史傳　上方編』建設社一九四四年七月
堂本彌太郎『上方演劇史』春陽堂一九四四年一〇月
日本近代演劇史研究会編『20世紀の戯曲　日本近代戯曲の世界』社会評論社一九九八年二月
『日本芸能人名事典』（倉田喜弘・藤波隆之編）三省堂一九九五年七月
長谷川辰之助（二葉亭四迷）「『アリストーテリ』悲壮体院劇論解釈」『歌舞伎新報』一二九一号～一三〇四号（九月～一一月）、一三四五、四七、四九号掲載
福田（景山）英子『妾の半生涯』岩波文庫一九八三年一〇月、初版一九〇四年
福地源一郎（桜痴）著『平野次郎』博文館一八九二年一月
松本伸子『明治演劇論史』演劇出版社　一九八〇年一一月
宮岡謙二『異國遍路　旅藝人始末書』修道社　再版一九五九年、改訂三版一九七一年、初版「死面列伝」私家版一九五一年
柳永二郎『新派の六十年』河出書房　一九四八年一二月、「新派五十年興行年表」双雅房一九三七年二月
松永伍一『川上音二郎　近代劇・破天荒な夜明け』朝日選書一九八八年二月
松永秀夫『田中鶴吉　東洋の小ロビンソン』"Journal of The Pacific Society/October 1985"
山口玲子『女優貞奴』新潮社一九八二年八月、朝日文庫一九九三年六月
吉原ゆかり「明治に環太平洋でロビンソンする――田中鶴吉と小矢部全一郎」『日本表象の地政学』所収彩流社二〇一四年三月
ランソン、テュフロ共著・鈴木力衛他訳『フランス文學史』Ⅱ・Ⅲ中央公論社一九六三年一一月、一九六四年五月

渡辺保『明治演劇史』講談社二〇一二年一一月

【新聞】
朝野新聞、京都絵入り新聞、東京朝日新聞、東雲新聞、郵便報知新聞、朝日新聞、時事新報、日出新聞、やまと新聞、国民新聞、大阪朝日新聞、読売新聞、歌舞伎新報、東京日日新聞、中央新聞、都新聞、萬朝報、大阪毎日新聞、台湾日日新報、

【小説】
明石鉄也『川上音二郎』三杏書房一九四三年八月
村松梢風『川上音二郎』太平洋出版一九五二年二月、潮文庫一九八五年一月
杉本苑子『マダム貞奴』読売新聞社一九七五年、集英社文庫一九八〇年一〇月
童門冬二『川上貞奴　物語と史蹟をたずねて』成美堂出版一九八四年九月
藤井宗哲『自伝　音次郎・貞奴』三一書房一九八四年一一月

【図書館所蔵資料】
台湾国立国家図書館、早稲田大学中央図書館、早稲田大学坪内博士記念演劇博物館、早稲田大学外山図書館、桐朋学園芸術短期大学図書館、横浜市立中央図書館、新聞ライブラリー、国立国会図書館、池田文庫、大阪市立中之島図書館、福岡市博物館、福岡市総合図書館

【図録】
福岡市博物館『川上音二郎と1900年パリ万国博覧会展』、茅ヶ崎美術館『川上音二郎・貞奴展』

や行

ら行

わ行

ま 行

な 行

は 行

た行

さ 行

か 行

索　引

（人名・「演目」、音二郎は省略）

あ 行

■著者

井上理恵（いのうえ　よしえ）

近現代演劇専攻。東京生れ。
早稲田大学大学院文学研究科修士課程修了。
桐朋学園芸術短期大学特任教授。

単著：『久保栄の世界』『近代演劇の扉をあける』（第32回日本演劇学会河竹賞受賞）、『ドラマ解読』『菊田一夫の仕事　浅草・日比谷・宝塚』（全て社会評論社刊）。

共著：『20世紀の戯曲』全三巻、『岸田國士の世界』『井上ひさしの演劇』『木下順二の世界』『村山知義　劇的尖端』『20世紀のベストセラーを読み解く』『樋口一葉を読みなおす』『「青鞜」を読む』他多数。

「井上理恵の演劇時評」公開中、
http://yoshie-inoue.at.webry.info/

川上音二郎と貞奴　明治の演劇はじまる

2015年2月17日　初版第1刷発行

著　者　井上理恵
発行人　松田健二
発行所　株式会社 社会評論社
東京都文京区本郷2-3-10
tel. 03-3814-3861/fax. 03-3818-2808
http://www.shahyo.com/

装幀・組版デザイン　中野多恵子
印刷・製本　株式会社ミツワ

井上理恵 著

〈見せ物〉から〈演劇〉へ。近代演劇運動の創造と転回。

近代演劇の扉をあける

――ドラマトゥルギーの社会学――

第1部 〈ドラマ〉を読む

1 日本の〈ノーラ〉●木下順二「夕鶴」
2 自己決定幻想●森本薫「女の一生」
3 家族の残照●菊池寛「父帰る」
4 関係の平行線●岸田国士「紙風船」
5 境界のドラマ●有島武郎の戯曲
6 無限の闇●樋口一葉「十三夜」

第2部 社会史としての近代演劇

1 拒絶された青春●ロンドンの川上音二郎・貞奴
2 安元知之の冒険●山春村の「嫩葉会」
3 慶応義塾三田講演の波紋●小山内薫「築地小劇場」
4 上演台本の検閲 「上げ本」
5 敗戦後の芸術運動●久保栄「東京芸術劇場」
6 日本の近代劇 リアリズム戯曲を中心に

★第32回日本演劇学会河竹賞受賞作品★

Ａ５判上製３１０頁／定価：本体４５００円＋税